U0084493

不激勵自己的人，
就不會擁有自己的人生

只要態度對了，難度並不可怕

美國創意思考領域權威
鮑勃・摩爾 著

作者簡介

本書作者鮑勃・摩爾生於一九三四年，是在美國創意思考教育領域享有聲譽的傑出人物，曾任南卡羅萊納州教學學會和課堂教師協會的主席。

摩爾一生經歷了頗多磨難。他讀中學時成績僅屬中等。上體育課時，同學們常嘲笑他身體瘦弱，難有作為。當時上大學不必參加入學考試，因此他很順利地成了一名大學生。儘管他學習用功，但第一學期的五門課程竟有三門不及格。這對摩爾來說是個很大的打擊，以致自卑地認為自己是個沒有價值的人，為此，他放棄學業離開了學校。

如果他真的就這樣一走了之，也許他的故事介紹到這裡就要打上句號了。但當時他產生了一個念頭，這一念頭改變了他的行為。他捫心自問：「我為什麼只看到自己失敗的一面，而不去看自己成功的一面呢？」

他認為自己既然已通過了兩門考試，那就一定能通過更多門的考試。他又回到了學校，以後的考試再也沒有不及格。大學畢業不久，一場新的不幸降臨到他頭上，他的腿被一輛小汽車撞成了嚴重骨折。他下決心不用拐杖行走，為此他忍受了巨大的痛苦，最後終於實現了自己的願望。現在，他已能像常人一樣運步自如了。

當上了教師和諮詢員的摩爾發現，在這個世界上自認為自己是無用之輩的人遠遠不只他一個。許多自認為是沒有希望的學生，他們不知道該如何去改變自己的生活；許多自我懷疑的年輕人，他們個個垂頭喪氣，心灰意懶。「我理解他們，因為我也曾是這樣的，我也做過無用之輩。」

九年以後，他喪失了大部分聽力。他一隻耳朵全聾了，另一隻耳朵聽力也極差，不過他還是滿懷信心。他說：「我可以學會讀唇術，我將最有效地利用我尚存的一點聽力。」看來，摩爾注重的是他擁有的東西，而不是已失去的東西。

以後，摩爾大部分時間是在大學及其他地方巡迴演講，他娓娓動聽的言談，精闢透徹的見解，贏得了人們的廣泛關注。這本書匯集了他演講的主要內容，雖然篇幅不大，但材料豐富，談到了許多為我們所熟悉的大人物，如前總統林肯、卡特，也講到一些奮發向上終有成就的普通人士。

透過這些生動的事例、作者闡明了個人如何才能掌握自己的命運，主宰自己的生活。本書行文流暢，論理清楚，可讀性強，實用性大，不失為一本幫助自己早成大器的理想指導書。

推薦序

動機！
動機！
動機！

我們很難給這個詞下個確切的定義，而要找到一個恰當的方法把它化作推動自己不斷去獲取成就的動力，那就更難了。但鮑勃．摩爾透過本書，使這兩個難題都得到了解答。我讀過無數本「啟發靈感和自我幫助」之類的書，所以剛拿到本書時，我只準備瀏覽一、二章。可是當我坐下來一頁一頁往下看時，不知不覺便被書中的內容給攫住了。我是一口氣把它讀完的……

許多年前，我就與摩爾相識。由於我們都感興趣於幫助人們發揮自己的潛力，因此我們之間的交往非常密切。依我看來，摩爾自己就是一個成為自己生活主宰的生動樣板，他在行動中真正做到了他透過本書希望告訴我們的一切。

摩爾奉獻給我們的是一本簡潔明瞭地說明「應該怎樣做」的書。書中列舉了大量引人入勝的真實事例，介紹的那些人物都是依靠自我激勵從而戰勝困難獲得成功的人。

在生活中，如果你需要更正確的方向、更合理的目標和更偉大的成就，我全心全意地向你推薦這本書——你千萬不能錯過！

美國科羅拉多州／丹佛市
創意研究所所長M・V・德布

附記：本書原題《你能當總統》，說明的是每個人都擁有無限的潛力，只有你有了「動機」，你就可以追求、達成你所要的目標！現在希望你能透過這些鏗鏘有力的簡短文字，來不斷激勵你自己，只要每天朝著正面思考的方向，每個人都會改變自己的一生！

目錄

Content

1

挖掘你自身的鑽石寶藏

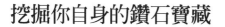

2

成功的勁敵

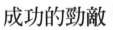

3

伴隨你成功的朋友

4

成功的主宰力

Part 1

挖掘你自身的鑽石寶藏

鑽石寶藏的故事，告訴我們生活中一個最大的奧祕
——人人都擁有自己的鑽石寶藏。
你身上的這些鑽石寶藏就是你的潛力和能力，
它們足以使你的理想變成現實。

Chapter 1. 鑽石寶藏

一百多年前，美國費城六個高中生向他們仰慕已久的一位博學多才的牧師請求：「先生，您願意教我們嗎？我們想上大學，可是我們沒錢。您既高尚又有學識，您會答應我們這個請求的，是嗎？」

這位博學的牧師名叫拉塞爾・康韋爾，他收下了這六個貧家子弟做學生。他暗自思忖：「一定會有許多年輕人和他們一樣，想上學但付不起學費，我應該為這些年輕人辦一所大學。」

於是，他開始為籌建大學募捐。當時建一所大學大概要花一百五十萬美元，是一筆相當大的開支。

康韋爾四處奔走，在各地演講了五年，為籌建大學募捐而努力。可是五年的辛苦，募集到的錢不足一千美元——離建一所大學所需的錢還差得很遠、很遠……

康韋爾深感悲傷，情緒低落。當他走進教堂準備撰寫下星期的演說稿時，低頭沈思的他發現教堂周圍的草是棕黃色的，長得東倒西歪。他便問園丁：「為什麼這個教堂周圍的草，沒有別的教堂周圍的草長得好呢？」

園丁抬起頭來望著牧師說：「噢，我猜想之所以你覺得這地方的草長得不好，是因為你把它們和其他地方的草進行了一番比較。看來，我們總是樂於去欣賞別人種的草有多麼茂盛，並希望占為己有，卻很少想到去整治一下自家的草地。」

園丁的這番話，使康韋爾頓時茅塞頓開！

於是，他馬上跑進教室開始撰寫演講稿。

他在演講稿中指出，我們往往不能抓住時間去做點實際的工作，以使事情朝我們所希望的方向發展，而總是讓時間在等待、觀望中悄悄流逝。

他在演講中講了這樣一個故事——

有個農夫擁有一塊幾英畝的土地，靠著辛勤耕作，日子過得很不錯。他曾聽說，如果在一英畝土地下面埋有鑽石的話，那只要抓一把就可以富得難以想像。於是，農夫把自己的地賣了，離家出走，四處尋找埋有鑽石的地方。他走向遙遠的異國他鄉，但最終未能發現什麼鑽石寶地。這樣一晃十五年過去了，最後，他囊袋空空，一貧如洗。一天晚上，他在西班牙貝卡羅尼海灘絕望地自殺了。

真是無巧不成書，那個買下農夫這塊地的人在散步時無意中發現一塊石頭，他拾起來一看，只見亮晶晶的，耀眼奪目。經過細細察看，發現原來是一塊鑽石。就這樣，在農夫為尋鑽石而捨棄掉的土地下面，新主人發現了從未發現過的最大的鑽石礦藏。

康韋爾認為這個故事非常發人深省——

財富只屬於自己去發掘的人，財富只屬於依靠自己土地的人，財富只屬於相信自己能力的人。

康韋爾就以「鑽石寶藏」為題演講，他講了七年。七年中，他賺得八百萬美元，這筆錢大大超出他建一所大學所需的數目。

今天，這所大學矗立在賓州的費城。這便是著名學府坦普爾大學——它的建成只是因為一個人從一個普通的故事中得到了某種啟迪。

鑽石寶藏的故事，告訴我們生活中一個最大的奧祕——人人都擁有自己的鑽石寶藏。你身上的這些鑽石寶藏就是你的潛力和能力，它們足以使你的理想變成現實。

你應該更有效地利用你的「鑽石寶藏」，為實現自己的理想而付出辛勞；你應該盡力去挖掘自己的鑽石礦，使自己的人生放出異彩。

事實已經無數次地證明，大多數人只利用了自己鑽石寶藏——潛力和能力的百分之十。請你掂量掂量——僅僅百分之十！要是你再用上另外的百分之十左右，你的成就就會兩倍於你現在的成就，你便能夠做兩倍於現在的事。

總之，所有一切都將比你現在擁有的多得多，好得多。

對自己能否做到這些，你感到懷疑嗎？請你想一想：你在兩歲半時就能說話了！既然你不到三歲就能掌握生長地方的基本語言，那麼經過這麼長的歲月，你現在不是應該學到更多的本領，能做更多的事情嗎？

只要你不懈地挖掘自己的鑽石寶藏——不懈地運用自身的能力——你就能夠做到你想做的一切。你能夠成為自己生命中的主宰。

Chapter 2. 從囚犯到明星

本書所有的故事都是真實的。而且，像其他許多故事一樣，它發生在我們大多數人都會碰到的人生困難時期。

故事的主人公是一個黑人青年，他在很差的環境——底特律的貧民區裡長大。小時候無人管教，整天東游西蕩，結識了一些壞孩子，於是乎，逃學、破壞公共財物、吸毒，這些都成了他的拿手好戲。

剛滿十二歲時，他因為搶劫一家商店被逮捕了；十五歲時因闖入間辦公室企圖打開保險箱而再次被捕。後來，他參加了對鄰近一家酒吧的搶劫，被作為成年犯送入了監獄。

在監獄，他也不是個遵紀守法的犯人。事實上，他曾三次被關進密西根州南部州立監獄的禁閉室。

在這個年輕人第三次被關禁閉以後，他頭一回聽到別人的勸告，要他改變自己的生活。那是一個被判無期徒刑的老犯人，在一次看到這個年輕人打棒球後對他說：「你很有才幹，抓住機會做些你自己的事，不要自暴自棄！」

年輕人反覆思索，最後下了決心。雖然他還在監獄裡，但他意識到他具有一個囚徒所能擁有的最大自由，他能選擇出獄後幹什麼，即是他有選擇的自由。他選擇的結果，當然不是去做與囚犯為伍的暴徒，而是當一名棒球明星。

五年以後，這個名叫羅恩·萊弗洛里的年輕人成了全明星賽中底特律老虎棒球隊的隊員。在他服刑期間，當時底特律棒球隊的領隊B·馬丁曾率隊訪問過他所在的監獄，並進行了一場友誼比賽。馬丁對萊弗洛里的球技大為讚賞，由於他的努力，萊弗洛里得以假釋出獄。一年不到，萊弗洛里就成了老虎棒球隊的主力隊員。

好好回味一下我說的故事吧！這是個曾經陷於生活最底層的青年，曾經被關進監獄的囚犯，但他認識到，我們每個人都具有一種最起碼的自由，它存在於自由選擇的絕對權力之中。

我們所有的人都有這種權力，你當然也有這種權力。萊弗洛里也可以推諉說：「現在我在監獄裡，我無法選擇，我能選擇什麼呢？」但是他沒有這樣說。

他表現出來的是：「我能支配自己，我要決定自己的命運。」

這種自由選擇的權力，是你擺脫困境所掌握的最有力的工具，它可以幫助你成為自己生活的主宰，它是區別人和動物以及其他存在物的特徵。你有絕對權力選擇自己的思想和行為方式。

世界上有許多人說無法選擇，說不存在什麼選擇自由。他們認為決定人的行為的只是機遇、規律和法令。

這種說法是有失偏頗的。國際著名的精神病學家維克托・弗蘭克在第二次世界大戰期間曾被關進德國集中營。他透過自己的深入思考及與別人交談時所獲的啟示得出結論說：「只有一種東西是不可剝奪的，那就是人類的自由——在任何情況下選擇自己態度的自由——選擇自己獨特行為方式的自由。」

既然身陷囹圄的人都有自由，那很明顯，相比之下，束縛少得多的你就更應該有自由。

由此，我們看得到自己有選擇權，我們能夠選擇。不過，大多數的問題是不想選擇，因為我們一旦做出選擇，便要承擔責任。正因為如此，我們才會一碰到決策錯誤就去責備別人，或者推諉說運氣不好。然而，為了成功我們必須選擇，我們必須運用自己選擇的自由。作為生活的主宰，你每天、每個小時都在做自由的選擇。

你必須選擇——
你是輕視自己，還是正確看待自己；
你是自視卑下，還是自覺高尚；
你是辦事拖拉，還是說幹就幹；
你是自尋煩惱、牢騷滿腹，還是心情恬淡、泰然處世；
你在生活中是遵循金箴，還是聽從自己的意志；
你對生活是悲觀失望，還是充滿信心地投入行動；
你是惡以待人，還是與人為善；
你是成為你想成為的人，還是滿足現狀停步不前；
你是忠於職守，還是逃避責任。
有關這一切的選擇權都在你自身。
因為你是自己生命的主宰。

Chapter 3. 因果律

鮑勃・理查德是一個成功人士。他曾經是一位傑出的運動員，得過奧運會撐竿跳冠軍。

那麼，理查德是怎樣成功的呢？他得冠軍的祕密是：決定去試一試，並且馬上行動。

早在幼年，他就懂得，要實現某種目標，首先必須這樣想，其次是必須毫不猶豫的馬上做。

理查德十三歲時下決心當一名傑出運動員。他選擇的項目是撐竿跳高，訓練時間超過了一萬小時。

想一想，一萬小時的鍛鍊啊！理查德從中學到了獲得成功的祕密：「你希望做什麼——你決定做什麼——決定著你能夠做到什麼。」

「但是，」你或許會提出質疑，「理查德身體健康，四肢發達，天賦良好，這才是他成功的原因。」

不對；任何確立了生活目標的人，只有努力工作才會成功！

那就讓我們來看一看另一位身體不像理查德那樣健壯的運動員吧。

這位運動員生出來時右腳只有一半，右手的形狀沒有長好。可是從他小時候起，他的父母就幫助他樹立起這樣的信念：「我是能夠做事的，我是會有成就的。」

幼年時，他和其他孩子一樣參加少年童子軍，他不顧身體的殘疾堅持和他們一起參加行程十英里的野營活動。長大成人後，他決定去打橄欖球。經過不斷地練習，他掌握了使用變形的右手和右腳打球的技術。他申請到一個職業橄欖球隊裡打球。

新奧爾良隊的教練勸他別參加，可是他堅持，迫使教練讓他當候補射手。別忘了，這是位只有半隻腳的射手！他們只不過讓他試一試，可沒想到，他的球藝竟絲毫不比健康球員遜色。由於他可以把球踢進五十五碼外的球門裡，他們就讓他在各種表演賽中出場，他表現非常出色。隨著季節的更替，他越踢越好，在一年裡共得了九十九分。

然而，真正考驗他的是一場關鍵性的比賽，當時新奧爾良隊落後一分。比賽只剩下最後幾秒鐘了，可是全部隊員都還沒過五十碼線，這時正巧對方犯規被判罰自由球，教練不失時機要求換人：「湯姆・登普西，這回看你的啦，來個遠射吧！」這次離球門有六十三碼之遙，登普西一記猛射，球筆直飛去。球射中了嗎？中了！新奧爾良隊以十九比十七獲勝。這一記錄是一個只有半隻腳的人創造的。

看來，登普西和理查德都認識到：人都能夠做到他們想做的事。

●一個普遍規律——因果律

這一普遍規律稱為「因果律」，它的意思是說，你心裡所嚮往的東西會變成現實。

這個世界上發生的一切，都不是偶然的！

每件事情的發生都是某種原因的必然結果。對你來說，這意味著你現在已有的一切和你所採取的行動可以決定你的將來。要是你認為自己以後能有所作為，能經由努力達到目標，那麼目標就一定會實現！即使一開始就遇到障礙，最終你也能如願以償。

讓我們再來看一個確立了生活目標的人——

吉姆・布魯諾天生是個「藍色嬰兒」，也就是說，醫生只有把他的血液全部換掉，他才能存活。

他六歲時得了脊髓灰質炎，醫生告訴他，他再也不能走路了。

「那太荒謬了！」他想。他下定決心要學會走路，他開始刻苦鍛鍊，不久，他又能重新邁開雙腿了。

布魯諾從小就酷愛騎馬，但醫生說由於脊髓灰質炎造成脊椎彎曲，他不能騎馬。

布魯諾再一次決定了自己想做的事，他懂得因果。

他說：「我想要騎馬。」每個週末他都偷偷跑出醫院去練習騎術，終於他成了技藝嫻熟的騎手。

一九六八年，布魯諾在戰爭中失去了雙腿和一條手臂。他在醫院醒過來，對護士說他想坐起來，女護士說：「不行，你再也坐不起來了。」

「別對我說不行！」他大聲喊道。

現在，布魯諾能游泳、乘雪橇、滑雪、潛水，還能騎馬，他利用輪椅和其他器械發明了一種殘疾人騎馬用的馬鞍。他的生活非常充實。

布魯諾和妻子為殘疾兒童辦了個農場，它是非營利性的，因為布魯諾想讓其他殘疾人和他一樣具有多方面的能力，讓他們也掌握因果律。

現在，布魯諾已榮獲加州殘疾退伍軍人傑出獎，並被評為加州優秀殘疾人。

布魯諾懂得——你決定做，你就能做到。

當然，「因果律」還有一種意義：如果你對自己說「我做不到」，或者說「我不知道該怎樣去做」，或者說「我不願去嘗試」。這就意味著你一定不會成功。

試著這樣做：在學校、工作單位或家裡：向見到的每個人微笑；多想想令人愉快的事情，向見到的每個人問好：「很高興見到你！」這樣做了以後，結果會怎麼樣呢？無疑，那些接受你微笑的人也會回贈給你微笑，他們也會說：「見到你，我也是很高興。」假如你請求他們幫忙的話，他們也會馬上幫助你。

現在換一種作法試試：你來到某個地方，舉止粗魯，目中無人；別人向你提問時你不予理睬；當別人走近你時，你說「滾開！」結果會怎樣呢？每個人都會對你嗤之以鼻；他們不會對你微笑的；他們也會要你「滾開！」要是你請他們幫忙，他們或許連理都不會理你。

是什麼原因造成你受到這兩種截然不同的對待呢？是前後遇到的人不一樣嗎？還是你思想和行為的方式改變了的緣故呢？

在做什麼或者說什麼之前，你務必要再三考慮一下：

「結果會怎樣？我希望得到這種結果嗎？」

透過「因果律」，你可以做到——

——學得更快更好

——運動場上成為優勝者

——與別人和睦相處

——工作得更好

——超過你現在能達到的一切

——「因果律」能幫助你成為自己生命中的主宰。

Chapter 4. 陸地就在前方

一九五二年，世界著名的游泳好手佛羅倫絲，從卡德林那島游向加利福尼亞海灘。兩年前，她曾經橫渡過英吉利海峽，現在她則想為自己再創一項新紀錄。

這天，當她游近加利福尼亞海岸時，嘴唇皮已凍得發紫，全身一陣陣地寒顫。她已經在海水裡泡了十六個小時。遠方，霧靄茫茫，使她難以辨識伴隨著她的小艇。

這時，佛羅倫絲感到難以堅持，她向小艇上的朋友請求：「把我拖上來吧！」艇上的人們勸她不要向失敗低頭，要她再堅持一下！「只有一英里遠了。」他們告訴她。

濃霧使她難以看到海岸，她以為別人在騙她，「把我拖上來！」她再三請求著。

於是，冷得發抖、渾身濕淋淋的佛羅倫絲，被拉上了小艇。

後來，她告訴記者說，如果當時她能看到陸地，她就一定能堅持游到終點。大霧阻止了她去奪取最後的勝利。

兩個月後，佛羅倫絲又一次嘗試著游向加利福尼亞海岸。濃霧還是籠罩在她的周圍，海水冰涼刺骨，她同樣望不見陸地。但這次她堅持著，她知道陸地就在前方；她奮力向前游，因為陸地在她的心中。

佛羅倫絲終於明白了「信念」的重要性。她不僅確立了目標，而且懂得要對目標充滿信心。

你同樣也能確立目標，你也能使夢想變成現實，但首先你必須自己相信能夠實現這一夢想。

千萬不要讓形形色色的霧迷住了你的眼，不要讓霧俘虜了你。你面臨的霧也許不是瀰漫在加利福尼亞海岸上空的，它們在任何時候、任何地方都可能出現。

●信念是有力的工具

信念是有力的工具，促使「因果律」為你服務。

「因果律」加上信念，等於個性的力量！

信念是一種能激發起大量靈感的神奇力量。

信念是一種促使人們完成令人難以置信的偉大業績的力量。

讓我們再來看一個例子，它會告訴我們信念的力量是多麼強大。

這個故事說的是一項經過施行和驗證的實驗。有個教育專家想要了解，如果教師對學生具有某種信念的話，那會對學生的學習成績產生什麼影響。教師寄予期望的學生的成績會不會更好些呢？

這項實驗是這樣做的：教育專家告訴一批教師說，他們都將教新生。他告訴其中一部分教師說，他們的學生都是好學生——學得快、成績好。對另一部分教師卻說，他們的學生都是不好的學生——他們可能什麼都學不會。

其實，學生都是純粹隨機選派的，在同一班級裡既有好學生也有不好的學生，而教師卻被蒙在鼓裡。

結果怎樣呢？結果表明，教師對那些學生抱有的某種信念具有非常巨大的作用。被教師認為是不好的學生的那些人的確學得很糟糕，而被教師認為是好學生的學生的確學得又快又好。

這真是有關信念的最好證明。它證明：如果有人真的相信某件事，他便會透過努力來實現自己的信念；對於他自己深信不疑的事，他會全心全意地去完成它。

當然，這項實驗也驗證了相反的結果：要是你認為你不會成功，那事實上你也不能成功；這就像第一次未能渡過加利福尼亞海岸一樣，還沒有到達對岸，卻已經放棄努力了。要是你相信自己能夠達到目標——就像佛羅倫絲第二次嘗試那樣——那你就會成功。

有時，對自己具有的某種信念會導致我們向新的方向進擊，甚至會因此創造出新的奇蹟。

吉兒・金蒙特對自己的信念改變了她整個生活的方向。

一九五五年，十八歲的吉兒已是全美國最受喜愛、最有名氣的年輕滑雪運動員了，她的照片被用作《體育畫報》雜誌的封面。吉兒躊躇滿志，積極地為參加奧運會預選賽作準備，大家都認為她一定能成功。

她當時的生活目標就是得奧運會金牌。然而，一九五五年一月，一場悲劇使她的願望成了泡影。在奧運會預選賽最後一輪比賽中，吉兒沿著大雪覆蓋的羅斯特利山坡開始下滑。

沒料到，這天的雪道特別滑，剛過幾秒鐘，便發生了一次意想不到的事故。她先是身子一歪，而後就失去了控制，像匹脫韁的野馬，直往下衝。她竭力掙扎著想擺正姿勢，但無濟於事，一個個的觔斗把她無情地推下山坡。在場的人都睜大著眼睛緊張地注視著這一幕，心幾乎提到了嗓子眼……

當她停下來時已昏迷了過去，人們立即把她送往醫院搶救，雖然最終保住了性命，但她雙肩以下的身體卻永久性癱瘓了。

吉兒認識到活著的人只有兩種選擇：要麼奮發向上，要麼灰心喪氣。她選擇了奮發向上，因為她對自己的能力仍然堅信不疑。她千方百計使自己從失望的痛苦中擺脫出來，去從事一項有益於公眾的事業，以建立自己新的未來生活。

幾年來，她整日和醫院、手術室、治療和輪椅打交道，病情時好時壞、但她從未放棄過對有意義的生活的不斷追求。

歷盡艱難，她學會了寫字、打字、操縱輪椅、用特製湯匙進食。她在加州大學洛杉磯分校選聽了幾門課程，想今後當一名教師。

想當教師，這可真有點不可思議，因為她既不會走路，又沒受過師範訓練。她向教育學院提出申請，但系主任、學校顧問和保健醫生都認為她不適宜當教師。錄用教師的標準之一是要能上下樓梯走到教室，可是她做不到。

不過，此時此刻，吉兒的信念就是要成為一名教師，任何困難都不能動搖她的決心。

一九六三年，她終於被華盛頓大學教育學院聘用。由於教學有方，很快受到了學生們的尊敬和愛戴。她教那些對學習不感興趣、上課心不在焉的學生也很有辦法，她向年輕的教師傳授經驗說：「這些學生也有感興趣的東西，只不過和大多數人的不一樣罷了。」

吉兒終於獲得了教授閱讀課的聘任書。她酷愛自己的工作，學生們也熹歡她，師生間互相幫助、互相進步。

後來，她父親去世了，全家不得不搬到曾拒絕她當教師的加州去。

她向洛杉磯學校官員提出申請，可他們聽說她是個「瘸子」，就一口回絕了。吉兒不是一個輕易就放棄努力的人，她決定向洛杉磯地區的九十個教學區逐一申請。在申請到第十八所學校時，已有三所學校表示願意聘用她，學校對她要走的一些坡道進行了改造，以適於她的輪椅通行，這樣，從家裡坐輪椅到學校去教書就不成問題了。另外，學校還破除了教師一定要站著授課的規定。

從此以後，她一直從事教師職業。暑假裡她訪問了印第安人的居民區，給那裡的孩子補課。

從一九五五年到現在，很多年過去了，吉兒從未得過奧運會的金牌，但她的確得了一塊金牌，那是為了表彰她的教學成績而授予她的。

●你的信念是什麼？

就像吉兒、佛羅倫絲等人那樣，你也能夠成功，只要你對自己充滿信心，自信的力量是非常神奇的。父母相信孩子能學會走路並花精力去教孩子，孩子就學會了走路；教師相信學生能學好，並且花氣力去教學生，學生真的成績優良；喜結良緣的人相信夫妻間可以幸福生活、白頭偕老，並且為此而努力，他們的婚姻果然美滿如意！只要你充滿信心，認定目標，努力去使信念變成現實，你的信念就一定會成為現實！

請考慮一下你的「信念」吧！

你對工作、前途、精神生活、自我的信念是什麼呢？

你是抱有崇高遠大的信念認為「我能夠」，還是懷著懦弱消極的念頭認為「我做不好」呢？

對於構成信念的思想，你有充分的自由選擇權。

自由地選擇——因果律。

信念——加上行動。

把這些結合起來，為此付出代價，你就會成功。

這些都取決於你；

你能成為自己生命中的主宰。

Chapter 5.

培養好習慣

美國前總統吉米・卡特在喬治亞州讀書時，曾在作業本上寫下了「健康的心裡習慣」，內容如下——

某些思維習慣有益於健康。如果你想掌握正確的思維方式，你必須培養下列習慣：

1・期望完成你想做的事。

2・期望著去喜歡他人，同時也讓別人喜歡你。

3・迅速決定你想做什麼事，並付諸行動。

4・堅持不懈。

5・毫不畏懼地接受新觀念和新經驗。

6・欲建立良好習慣的人，應避免沈溺於無益的白日夢中，不要憂慮，不常發怒，少憎恨，少嫉妒，對充滿正義和富有前途的事情敢於去做，既不害怕也不害羞。

眾所周知，卡特先生至今還保持著這些習慣，這些習慣一直伴陪著他，使他的生活始終洋溢著健康的氣息。

或許你看見過運動員們的訓練。每天不斷地跑、跳、投擲、滑行，因為他們想把運動技能化為習慣性動作——化為常規化和自動化的動作，以便不加思索便可完成。

優秀運動員養成了許多良好習慣，他們從這些習慣中得益匪淺。他們賽前的訓練為日後比賽的成功奠定了基礎。

音樂家也培養習慣，你或許聽過鋼琴家日復一日的練琴吧！還有打字員，他們總是不停地打字，以使手法嫻熟。

開車主要也是建立良好習慣的過程，在緊要關頭避免發生事故是尤其重要的。

對於運動員來說，建立良好的習慣是唯一的成功之路。任何一個橄欖球運動員、壘球擊球手或者籃球明星，都會告訴你同樣的成功祕訣：「成功在於建立良好的習慣，須不斷練習直至達到自動化的程度。」

羅馬尼亞體操運動員、奧運會明星科瑪內琪就是信奉這一真理的。從上幼兒園起，科瑪內琪就在平衡木上練習，每天要練上三、四個小時。她的練習使她建立了良好的習慣，習慣又使她成了冠軍。

在奧運會上，面對一萬八千雙眼睛，科瑪內琪完成了自古以來從未有人做過的高難度動作。她輕盈地躍上平衡木，站起來，在十六英尺半長、離地四英尺高的平衡木上做好了準備姿勢。接著，她充滿自信地雙腳一彈躍向空中，做了一個又一個優美的空中滾翻。最後，她從平衡木上輕輕跳下，落地的姿勢是她從小就開始練習的。

觀眾們目不轉睛地盯著科瑪內琪，裁判員給她打了十分，這是奧運會上體操比賽的第一個十分。科瑪內琪微笑著，眼眶裡盈滿了熱淚。她的練習——她建立的習慣——導致了她的成功。

身體訓練的規律同樣適用於心理訓練，人們同樣可以利用自動化的「心理動作」來幫助自己。這些心理動作也可以培養習慣。

●習慣是怎樣形成的呢？

習慣開始於思考。如果你反覆思考某件事，並在行動中體現你的思想，那麼行動就會變成習慣。

當然，你既可能形成好習慣，也可能會染上壞習慣。

對那些染有惡習的人我們並不陌生，他們抽煙、酗酒、吸毒、罵人、偷懶，所有這些都是壞習慣，而且很容易形成。

你剛開始抽煙的時候，同伴會對你說：「你真有派頭！」於是，儘管你討厭煙味，也會再點燃一支，很快你就養成了抽煙的習慣。

酗酒、罵人的壞習慣也是這樣形成的。

困難的是，打破原有習慣要花費兩倍於形成習慣的氣力，這要求我們一開始就應培養良好的習慣。你擁有的好習慣越多，你學會新的好習慣也就越快。在這兒告訴你一個竅門——形成良好習慣並不比形成壞習慣難。一種習慣一旦形成，就會伴你終生，要麼為你服務，要麼有害於你，決定的因素在於你的習慣是好是壞。

怎樣培養好的習慣呢？讓我們來舉一個很小卻是很重要的例子。我們假設有這樣一種情況：你想要別人給你積極、友善的反應，別人卻沒能像你所希望的那樣做。你每次在上班、上學的路上見到別人的時候，他們對你都很冷淡。為什麼會這樣呢？因為你缺乏一種習慣。

在這種情況下，你應養成的習慣是——「禮貌待人」。你想要別人對你微笑、彬彬有禮，你首先必須做到——每當你遇到熟人時應向他們打招呼說：「哈囉！」

培養這種習慣是很容易的，一旦你這樣做了，你就會驚訝地發現，人們對你的反應很快發生了改變。你只要對學校裡的每個同學、工廠裡的每個同事微笑著說「哈囉！」就行。培養注意別人的習慣是和培養忽視別人或對別人皺眉的習慣同樣容易的。

一旦你養成這些習慣後，結果會怎樣呢？非常有趣。你還記得我們上面做過的試驗嗎？當你笑容滿面時，別人也會回報你以微笑並樂於助你。如果你使自己的微笑成為習慣，你便會「自動地」得到其他人回報。

你應該付諸於行動的其它好習慣是：做事俐落、不拖泥帶水，對暗示性的觀念（如「恐怕我難以勝任」）持積極的態度；當別人雙眉緊皺時也報之以微笑（絕不要讓別人的壞習慣影響你）。

養成好習慣的祕訣是，經常有意識地想想令人愉快和積極向上的東西。一味沉溺於痛苦和感傷之中會養成不良習慣，心情開朗則可以形成積極上進和有盡良心的好習慣。

絕不要讓你的習慣阻止你去做一個有用之才，不要讓壞習慣毀了你的目標。請記住我們每天都在形成習慣。這種習慣最終是成為成功的催化劑還是擋路虎，完全取決於我們自己。

每天你都在養成習慣、強化習慣。你能夠改變這些習慣使之為你服務，你可以用一個有益的新習慣取代一個無益的舊習慣。

再給你一點提示：習慣每天都在起作用，需日日加以檢查。

習慣不是一天形成的，需長時間的培養，可一旦形成，卻比較穩定。同樣，改變習慣也需要時間。

請你現在就檢查一下自己的習慣：哪些習慣是幫助你獲得成功的？哪些習慣是阻礙你達到目標的？現在就開始努力去改變這些壞習慣，現在就開始建立新的好習慣。

不過我還要勸上一句：不要妄想一次就破除你身上所有的壞習慣，也不要希冀在一天之內就形成所有的好習慣，習慣的破除和培養都是需要時間的。一次只做一件事，不要猶豫，現在就做。

記住：你培養的習慣，可以幫助你成為自己生命中的主宰！

Chapter 6.

如果你認爲自己可以做到……

你有沒有看過美國的西部片？請你留意牛仔是怎樣拴住他的坐騎的。你看，牛仔騎著一匹高中的駿馬沿街而來，走到一家暗處藏著壞蛋的酒吧門前時停住了。他從馬背上一躍而下，把韁繩繫在欄杆上，然後跨大步伐，闖了進去。

現在讓我們停下來想一想。當這匹慓悍、有力、體重達幾百磅的駿馬被一根細細的韁繩繫在木欄杆上時，為什麼牠沒有拚命掙脫逃跑而站在原地不動呢？

答案很清楚，這匹馬從小就受過訓練，牠一直被牢牢地拴在柱子旁。牠知道自己不可能得到自由，不可能隨心所欲——牠只能站在被拴住的地方。因此，現在牠根本就不會去做逃跑的嘗試。

你和這匹馬是否有相似之處？你也總是原地不動只因為你自認不會成功嗎？假如有條繩子把你向前進的反方向拉，你能掙脫它嗎？你能按自己希望的那樣自由行動嗎？

我們都會受暗示的影響。如果教師或其他什麼人斷定說我們不會成功，我們往往就相信了，而且常常是自此以後就不再去為成功而努力了。由於我們曾經有過一、二次失敗，我們也常會相信自我給予的消極暗示。

但是，有一些方法可以幫助你擺脫繩索的束縛而成為某種有用之才，這些方法叫做「自我信念」或「自我肯定」。

你應該相信自己能建立起自我信念。你可以肯定地認為自己能夠成為傑出的人，相信自己今天會比昨天做得更多更好。

你應該忘掉過去別人曾對你說過的你不會成功之類的話。做某件事你可能不行，但做另一件事，或許你就能成功。你昨天做不到的事，今天就可能做到。

現在，讓我給你講一個故事，你從中可以了解故事的主人翁，是如何兩次獲得成功的。

故事的他出生在陽光普照的棉花田鄉下，他從小就經常下地勞動，從旭日東升一直要做到夕陽西下，因為家裡農活忙，他在學校裡從未參加過體育活動。高中畢業後，他參軍離開了家鄉，不久部隊派他去了德國。在那兒的一個軍人商店裡，他買到了自己有生以來第一把吉他。你看，他這個人早有一個夢想——一個在家從父親買的收音機裡第一次聽到音樂時就產生的夢想——他想當個歌手。

有一次，他在教堂裡看了一個歌唱小組的演唱，他親眼目睹了落幕時觀眾紛紛要求歌手簽名時的熱烈情景。這也是他希冀得到的榮譽。於是，他決定要好好練習唱歌，要讓觀眾也來請他簽名。

他開始自學彈吉他，開始練習唱歌，他甚至自己創作了一些歌曲。服役期滿之後，他開始努力工作以實現當一名歌手的夙願，可是他沒有馬上成功。沒人請他唱歌，就連去應徵電台唱片音樂節目廣播員的職位，也沒能得到。

他只得靠挨家挨戶推銷各種生活用品維持生計，不過他還是堅持練唱。他組織了一個小型的歌唱小組在各個教堂、小鎮上巡迴演出，為歌迷們演唱。

最後，他灌製的一張唱片奠定了他音樂工作的基礎。他吸引了兩萬名以上的歌迷，金錢、榮譽、在全國電視螢幕上露面——所有這一切都屬於他了。他對自己堅信不疑，這使他獲得了成功。他的名字叫約翰•卡遜。

然而，卡遜又接著經受了第二次考驗。經過幾年的巡迴演出，被那些狂熱的歌迷拖垮了，晚上須服安眠藥才能入睡，而且還要吃些「興奮劑」來維持第二天的精神狀態。他開始沾染上一些惡習——酗酒、服用鎮靜藥和安非他命。他對這些藥物的欲求非常強烈，竟常常破門闖入藥店獲取所需的藥片。他漸漸失去了觀眾，也不再獲獎。他的朋友都試著幫助他，他們勸他說，一個人的生活方式所造成的影響，比他唱一首歌所具有的影響要大得多。但他根本聽不進去，他的惡習日漸嚴重，以致對自己失去了控制能力。

他不是出現在舞台上而是更多的出現在監獄裡了。到了一九六七年，他每天必須吃一百多片藥片。

一大早晨，當他從喬治亞州的一所監獄刑滿出獄時，一位行政司法長官對他說：「約翰・卡遜，我今天要把你的錢和麻醉藥都還給你，因為你比別人更明白你能充分自由地選擇自己想做的事。看，這就是你的錢和藥片，你現在就把這些藥片扔掉吧，否則，你就去麻醉自己，毀滅自己，你選擇吧！」

卡遜選擇了生活。他又一次對自己的能力做了肯定，深信自己能再次成功。他回到納什維利，並找到他的私人醫生。醫生不太相信他，認為他很難改掉吃麻醉藥的壞毛病，醫生告訴他：「戒毒癮比找上帝難。」

卡遜開始了他的第二次奮鬥。他把自己鎖在臥室閉門不出，一心一意就是要根絕毒癮，為此他忍受了巨大的痛苦，經常做惡夢。後來在回憶這段往事時，他說，他總是昏昏沈沈，好像身體裡有許多玻璃球在膨脹，突然一聲爆響，只覺得全身佈滿了玻璃碎片。當時擺在他面前的，一邊是麻醉藥的引誘，另一邊是他奮鬥目標的召喚，結果他的信念占了上風。

九個星期以後，他又恢復到原來的樣子了，睡覺不再做惡夢。他努力實現自己的計劃。幾個月後，他重返舞台，再次引吭高歌。他不停息地奮鬥，終於又一次成為超級歌星。

幾年後，他應邀去白宮為美國總統表演，這不僅是一項殊榮，也是他一生中最輝煌的時刻。他能有此作為，是由於他的自我信念使他變得堅強，因而得以再次成功。

你也能和約翰・卡遜一樣獲得成功！

今天就是全新的開始。不要讓昨天發生的事情或者昨天別人對你說的話，而影響了你今天的行動。

今天你要養成新的習慣，做出新的決定，建立新的目標；今天你要微笑，你要振作向上；今天你要學習新觀念，做新事情。

你怎樣才能滿懷希望地去重新行動——積極地行動呢？

你可以對自己說：「我就是我，我不是別人說的那個我。我能做一些事情，我能學會做更多的事情。」你可以每天都多次重複這些話。

下面介紹另一個培養自我信念的方法。你可以去想一些經過時間檢驗的諺語，來增強自信心。

——誠實才是上策。

——想做事，不怕遲。

——有志者事竟成。

——錯誤是難免的。

——多給予，少索取。

——驕者必敗。

——積少成多。

——種瓜得瓜，種豆得豆，努力終有成。

——凡事皆有始。

——熟能生巧。

——黑暗中總有一線光明。

——近朱者赤，近墨者黑。

——說不行的人永遠不會成功。

在你開始懷疑自己的能力時，就去想一想這些諺語，開始大聲朗讀，要對它們深信不疑。

請記住我講的故事吧！當我在讀大學一年級時，曾有三門課程不及格，但我注意的不是我所失敗的事情，而是我已完成的事情。我另兩門課程及格了。我相信，既然我能通過兩門課程，那我就能通過更多的課程。

你對自己和自己的前途有什麼打算呢？這些打算會使你停步不前嗎？這些打算正確嗎？我敢打賭說這些打算不一定正確。要是你意識到你能夠做的事情，那你就能做更多的事情。如果你每天都做更多的事情，你就會成功。

你可以說：「是的，我可以做到！」

你能成為自己生命中的主宰！

Chapter 7. 想像成功

我們已經想像過描寫牛仔與歹徒搏鬥的美國西部片。現在讓我們來想像另一部影片，這是一部有關你的影片。現在你閉上眼睛，想一想五年後自己的生活狀況。

我想讓你看到這樣的圖景——有個成功者，他住的是新房子，開的是新車子，從事的是自己喜歡的工作，鄰居都是些心地善良的好人。這一切你都看見了沒有？

你可以自己來補充細節。只要你能看見，你就能得到！因為未來美好的生活總是起源於最簡單的構思，請記住你想像到的這一切吧！

只有透過想像你才能建立起成功的欲望；只有透過想像你才能建立起一系列成功的目標。

你或許會覺得這是個荒謬的空想，幾乎是不著邊際的。可是，事實已告訴我們，人類有能力去創造出他們想像到的一切。

如果你能想像成功的自我，你便會是成功者；如果你能勾繪一個幸福樂觀的自我，你就會是一個幸福樂觀的人；如果你想成為一個人格完善的人，你就會努力去破除原有的壞習慣。為什麼會這樣呢？原因在於，勾繪自己未來的形象是了解自己的志向和抱負的方法之一，而且，在生活中只有想要成功，你才會最終獲得成功。

本書前些章節已講到，思想先於行動，現在你要做的事情必定是先前已思考過的。

現在再加上一條規則：你最初的想像能幫助你思考自己的未來，相輔相成，思考又幫助你完成想像。

西奧多・蓋塞爾是當代最富有想像力的人之一。你或許不熟悉這個名字，但提到著有許多兒童讀物的蘇士博士，也許你對他就不陌生了。蘇士博士就是蓋塞爾的筆名。

如今有成千上萬的孩子們被蘇士博士書中描寫的那些富於冒險精神和創造活力的主人翁給迷住了，可當初蓋塞爾剛開始從事寫作活動的時候，卻不得不在很長時間內把自己的理想埋藏在心底。他完成的第一部書是自己畫的插圖，可是出版社沒有接受。

蘇士博士沒有輕易地放棄努力。當時他想像到了自己的作品會像今天這樣受到讀者的熱烈歡迎，因此他沒有灰心。他把書稿送交另一家出版社，出版社說不行；再送一家，還是說不行。一次次的打擊沒有使他屈服，終於，他敲開了第二十八家出版社的大門。這套兒童讀物也終於同讀者見面了。

蘇士博士——蓋塞爾用想像描繪了理想，用信心實現了理想。

鮑勃・博恩曾著有兩本暢銷書《夏威夷導遊》和《澳大利亞導遊》。它們被認為是同類書中的上乘之作，可你又哪裡想得到，《夏威夷導遊》這本書卻是在被拒絕了一百二十五次以後才得以出版的。

我們大多數人恐怕在被拒絕一百二十五次以前早已放棄了努力，但博恩對自己的理想矢志不移，所以最終取得了成功。

現在，你一定明白了，運用你的想像去描繪自己的理想，並不是浪費時間（你不要妄自菲薄）。

世上的任何事情都曾經是或將會是人透過想像加以實現的。

心理學家告訴我們，每天做三十分鐘關於未來的夢是值得的。很明顯，如果我們一味沈溺於白日夢中，那是有百害而無一益的，但偶爾做點白日夢，卻有可能最終完成一些意想不到的事情。

好吧，現在你就全身放鬆，開始想像！這能幫助你更快地成為自己生命中的主宰！

Part 2

成功的勁敵

人生在剛開始時，我們都站在同一條起跑線上，

要是你說「我做不到！」那你還沒有起步，就已經輸了。

Chapter 8. 說不行的人永遠不會成功

在你的體內已經蘊積了足以使你能成為有用之才的各種力量，這些力量將會使你成為自己生命中的主宰。

不過，我希望你能看到，在你身上還潛伏著時時在妨礙你成為自己生命主宰的阻力，它們是成功的敵人。只有了解這些敵人，你才能最終戰勝它們。這些敵人全部都隱藏在你的言談中！

如「我做不到」，要是失敗了會怎麼樣」以及「這是毫無希望的」。下面，我們就來逐一揭穿它們的真面目。

有個男孩，降生在舊金山的貧民區裡，家境非常貧寒。四歲時，父母就離婚了，他母親不得不每天外出工作，以解決四個孩子的吃飯問題。

這個男孩長到六歲時，突然得了小兒軟骨症，雙腿必須用夾板夾住，因為付不起醫藥費，這副夾板還是自己家裡做的。軟骨症加上長期套著的夾板，致使他的腿萎縮了，雙腳向內屈，小腿非常細。

後來，這孩子陷入了犯罪集團，不久便被逮捕了。他在監獄只被關了六個小時，但感觸頗深，他說：「這次經歷使我明白了一個道理，犯罪是可恥的，我再也不要回到這裡來。」

這時，舊金山巨人棒球隊的運動員威利・梅斯邀請他和另外一些出生在貧苦人家的孩子到他家去。梅斯勸這個孩子說，他應該努力工作，把精力花在體育運動上，而不應去做那些違犯法律的事。可是這個男孩當時想：我沒有錢，我沒法做個像樣的人。

不過，他還是開始努力了。為了幫家裡賺錢，他到街上去賣報，到池塘撈魚，然後沿街叫賣，到火車站幫別人卸車上的行李。他還在一家商店裡當過售貨員。

他到中學去打橄欖球，並想上大學。為了實現這個願望，他又去開卡車掙錢。可是一次在去南加利福尼亞大學的途中，他卻因開車瞌睡把車撞壞了，結果他被解雇了。

然而他沒有放棄自己的願望，他練橄欖球的次數更多了。由於他技術超群，表現不俗，一時間聲名大噪，成了全美國最傑出的運動員之一。

——他就是O・J・辛普生。

辛普生遇到過成功的敵人——「我做不到」——可是他克服了這種想法。辛普生遇到的困難與你我遇到的困難一樣——或許比我們遇到的困難更可怕，可是他沒有說：「我做不到！」也沒有說：「為什麼該由我去做呢？」他的選擇是行動，透過行動，他勝利了。

我們所有的人都碰到過這樣的敵人。我們都曾想過：「我就是做不好，我沒有別人那樣高的才能，我也沒有別人那樣好的運氣。」

如果拿自己跟那些成功的、富有的和幸福的人相比較，我們更會說：「我是個無名小輩，他們才是傑出人才。」

我們常以為某些人生來便是偉大傑出的，生來便是能獲得成功，生來便是交了好運的；我們也常以為某些人「天生」就是好學生、好工人，以為別人毫不費力地就能得到美滿的婚姻。

可是我們卻忘記了，他們也曾經是無名小輩，他們也曾經歷過無數次失敗。可以說，所有知名人士都像辛普生那樣做過無名小輩，他們極力擺脫「我做不到」的消極思想，拚命抗爭，向命運挑戰，結果他們成了有用之才。

我們通常注意的是成功者已獲得的成就，卻忽視了他們是怎樣獲得成功的過程，對於他們為此付出的代價，我們更是沒有加以細想。

現在我就要介紹一個為勝利付出了令人難以置信的代價的人，他的名字叫吉姆・哈特彼斯，是一個傑出的賽車好手。

當然，哈特彼斯並不是一開始就是贏家。他在軍隊服役時曾賽過卡車，後來他到全國各地尋找工作，一遇到賽車就去參加，因為得不到什麼好名次，所以贏錢也不多。可是哈特彼斯沒有洩氣，他下定決心即使付出代價也要在賽車比賽中獲勝。

四、五年過去了，他開始在一些汽車大賽中獲獎。到一九六四年，他已成為全美國最熱門的賽車手之一。他的夢想正在變成現實，不幸的是，他為此付出了巨大的代價。

一九六四年威斯康辛州博覽會賽車道上，哈特彼斯賽車暫列第三名。突然，他前面的兩輛車發生了相撞，他左轉右彎想避開它們，但因為車速太快未能如願，結果他撞到了車道旁的牆壁上。賽車燃燒著停了下來，這時，另一輛車上的車輪從空中飛來，砸在了他的座椅上。

救護人員只有等火撲滅後才能接近哈特彼斯的賽車，當最後把他救出來時，哈特彼斯的手已被燒焦，鼻子也不見了，體表燒傷面積達40％。醫生連續做了七小時的手術才使他脫離了危險，可是他的手已萎縮得像爪子一樣。醫生告訴他：「你再也不能開車了。」

哈特彼斯又一次決心為成功付出代價。他開始作一系列的植皮手術，每天練習用手指的殘餘部分去抓住木條，有時因為疼痛難忍，眼淚也流了出來。可是哈特彼斯堅持著：「我對自己的能力從來沒有懷疑過。」

在做了最後一次手術後、哈特彼斯回到了紐約州他自己的農場，他用開推土機的辦法，來使自己的手掌重新磨出老繭，並繼續練習開車。

事故發生九個月之後，哈特彼斯又重返賽車場！

他參加了特倫頓市博覽會的比賽，但沒能獲勝，因為他的車熄火了。不過在後來一次全程二百英里的汽車比賽中，他得了第二名。再過了兩個月，他第二次參加威斯康辛州博覽會汽車大賽，上一次事故就是在這裡發生的。他信心十足，勢在必得，經過一番激烈的較量，最後，他終於取得了一百五十英里比賽的冠軍。想想看，我們有誰曾像哈特彼斯那樣為成功付出過如此大的代價呢？

他沒有說「我做不到」，他沒有把前一次賽車時發生的事故作為不再去嘗試的藉口，他說的是「我一定會成功」。他付出了代價，他也得到了報償。

哈特彼斯學到了我們大家都應該知道的道理。成功者都經過艱苦的勞動，都戰勝過各種困難。世上沒有僅憑「生來好運」就能獲得成功的人，世上也沒有倚仗魔力便能獲得成功的人。

人生在剛開始時，我們都站在同一條起跑線上，要是你說「我做不到！」那你還沒有起步，就已經輸了。

在生活中，你是否在同「我做不到」的想法作鬥爭呢？請相信，你能夠戰勝這個成功的敵人。選擇行動吧，這樣你就選擇了成功。你就能成為奔馳在生命大道路上的成功佼佼者。

Chapter

9.

要是亞伯拉罕放棄了……

你是否曾遇到這樣的問題：「如果去嘗試，後果將會怎樣？」這種想法本身是與成功作對的一個敵人。

成功的敵人總是讓我們去想：「如果我失敗了，那怎麼辦？我去試過了，但沒能成功會怎樣？」它會使你放棄努力。

有一位戰勝了這個對手的人，他的故事一定會對你有所啟發。那是在一八三二年，當時他失業了，這顯然使他很傷心，但他下決心要當政治家，當州議員，糟糕的是他競選失敗了。在一年裡遭受兩次打擊，這對他來說無疑是痛苦的。

於是，他著手自己開辦企業，可是一年不到，這家企業又倒閉了，在以後的十七年間，他不得不為償還企業倒閉時所欠的債務而到處奔波、歷盡磨難。

他再一次決定參加競選州議員，這次他成功了。

第二年，即一八三五年，他訂婚了。但離結婚還差幾個月的時候，未婚妻不幸去世。這對他精神上的打擊實在太大了，他心力憔悴，數月臥床不起。在一八三六年他還得過神經衰弱症。

一八三八年他覺得身體狀況良好，於是決定競選州議會議長，可是他失敗了。一八四三年，他又參加競選美國國會議員，但這次幸運之神也沒站在他這邊，仍然沒有成功。

要是你處在這種情況下會不會放棄努力？他雖然一次次地嘗試，但卻是一次次地遭受失敗：企業倒閉、情人去世、競選敗北。要是你碰到這一切，你會不會放棄——放棄這些對你來說是重要的事情？

他沒有放棄，他也沒有說：「要是失敗會怎樣？」

一八四六年，他又一次參加競選國會議員，最後終於當選了。

兩年任期很快過去了，他決定要爭取連任。他認為自己作為國會議員的表現是出色的，相信選民會繼續擁舉他。但結果很遺憾，他落選了。

因為這次競選他賠了一大筆錢，他申請當本州的土地官員。但州政府把他的申請退了回來，上面指出：「本州的土地官員要求有卓越的才能和超常的智力，你的申請未能滿足這些要求。」

接連又是兩次失敗。在這種情況下，你會堅持繼續努力嗎？你會不會說「我失敗了！」

然而，他沒有服輸。一八五四年，他競選參議員，但失敗了；兩年後他競選美國副總統提名，結果被對手擊敗，又過了兩年，他再一次競選參議員，還是失敗了。

這個人嘗試了十一次，但是只成功了兩次。要是你處在他這種境地，你會不會早就放棄了呢？

這個在九次失敗的基礎上贏得兩次成功的人，便是亞伯拉罕・林肯，他一直沒有放棄自己的追求，他一直在做自己生命中的主宰。

一八六〇年，他當選為美國第十六任總統。

亞伯拉罕・林肯遇到過的敵人你我都曾遇到過。他面對困難沒有退卻、沒有逃跑，他堅持著、奮鬥著，他壓根就沒想過要放棄努力，他不願放棄、絕不低頭。

就像你我一樣，林肯也有自由選擇權。他可以畏縮不前。不過他沒有退卻，你我也不必退卻逃跑。

讓我告訴你一個保證你失敗的規律：「每當你遭受挫折時，便放棄它！」不要再去努力了。我敢擔保你如果這樣做就絕不會勝利。

我也告訴你一個保證你會成功的訣竅：「你要是嘗試失敗的話，就退卻、停止、放棄。逃跑吧！你不過是個無名小輩。」

千萬不要聽信這種鬼話。成功者對此從來不加理會，他們在失敗時總會再去嘗試。他們會對自己說：「這是一條難以成功的道路，現在讓我再從另外一條路上去嘗試吧！」

時刻盯著成功的目標，這要求我們每天都有一個清晰的開端。

每天早晨不要對自己說：「我可能會在考驗中失敗，在工作中受挫。」不要這樣想！

你應該這樣對自己說：「今天我可以做好我力所能及的工作，昨天或者前天的失敗並沒有什麼關係，今天是嶄新的開端，讓我再來嘗試！」

當有人問耶穌：「你能原諒別人幾次？能原諒別人七次嗎？」

耶穌回答說：「七次的七十倍！」

要是你能原諒自己的錯誤，你也能夠原諒自己。一切從今天開始，讓今天成為你做自己生命中主宰的第一天吧！

Chapter 10. 露茜難以實現的理想

辛普生是優秀的運動員，林肯是偉大的美國總統，他們都取得了很大的成就，這是因為他們天生會成功嗎？是因為他們運氣好嗎？不！他們成功的原因在於他們以頑強的意志不屈抗爭，克服了困難，戰勝了敵人。

這些困難和敵人我們也曾遇到難以實現自己的理想，難以成為自己生活的主宰。這些敵人便是「我做不到」、「要是失敗了會怎樣」以及「這是毫無希望的」。

我最親近的朋友之一瑪里琳・范・德布爾曾被選為美國小姐，並且是電視明星。她後來放棄從事迷人的表演藝術轉而追求另一個目標。她希望與人交往，特別是和大學生交流思想，和他們談談如何使生活中的理想變為現實。

瑪里琳成功了。每年她要對超出三十萬的觀眾演講，她主演的描述自己奮鬥史的影片有千百萬人觀看，好幾年她被譽為「美國傑出的女演說家」，所有聽過她演講的人，都被她那澎湃向上的激情感染了。

她在演講中曾說過一個故事，意在告訴我們怎樣去克服擋在我們成功道路上的困難。

在紐約州的一個小鎮裡出生了一個小女孩。還很小時，她逢人便說自己長大後要當著名的演員，鄰居和朋友們對此都一笑置之，他們以為她的理想只不過是小孩子不切實際的空想。

但是她自己沒有忘記這一理想。十八歲時，她努力考進紐約市一所著名的藝術學校讀書。入學三個月，她不敢稍有懈怠，學習非常刻苦。她堅信自己會成為一名好演員，她相信自己的能力。

三個月過去了，學校給她母親寄去一封信。信中說：「本校為曾經培養過許多美國一流的男女演員而感到自豪，可是，我們卻還從未接受過像您的女兒這樣缺乏藝術天賦和才能的學生，她不能再到本校學習了。」

然而，她不願逆來順受。就這樣被踢出學校，她不甘心，就這樣被斷定是永遠難以成為演員的無名小輩。

以後的兩年裡，她為了生計，在紐約到處幹雜活、當女招待、寄帽處服務員等。工作之餘，她申請參加劇院的彩排。參加彩排是沒有報酬的，只有在戲公開上演時才有錢。而演出老板總是在公演前一天晚上對她說：「你缺乏藝術細胞，沒有表演才能，走吧。」

兩年後，她得了肺炎，可惡的病魔弄垮了她的身體。因為付不起醫療費，她只能進紐約市的慈善醫院。進院後三個星期，醫生告訴她可能再也不能行走了。肺炎使她腿上的肌肉萎縮了。

這時，她已是個成年人了。她不得不重回母親所在的小鎮。一方面，她仍懷有想成為一名演員的夢想，但另一方面，她的腿卻又難以行走。

她母親對她還是充滿信心，相信她總有一天能重新走路。於是，母女兩人在本地一位大夫的幫助下，開始了一項恢復腿力的計劃。

開始時，他們在她的鞋上加重三十磅，給雙腿綁上夾板。她試著用拄杖支撐著行走，但她摔倒了。

然而，經過每天不間斷的艱苦練習──兩年以後，她又能行走了。走路時，她略有跛行，但她可以做到不讓別人看出來。二十二歲時，她重返紐約市尋找她的夢──在以後整整十八年裡，她一直未能實現自己的理想。只是在四十歲時，她才第一次得到一個有意義的角色。

如果你遇到像她這麼多的磨難，你會不會放棄努力呢？你會不會一撒手說：「我試得夠多了，這是不可能的。」你抱著必勝的信念奮鬥過幾年？兩年？五年？還是十年？

這位女士一直沒有放棄努力，她終於在四十歲時得到了兩個機會，她以自己獨特的方式贏得了電視節目中的角色。讓我來告訴你──她是多麼受人歡迎。

一九五三年，有二千九百萬觀眾收看美國總統艾森豪的就職典禮；有三千三百萬觀眾收看伊麗莎白二世女皇的加冕儀式，而收看這個歷盡失敗和挫折、努力奮鬥了十八年才占有電視螢幕一席之地的婦女節目，她的觀眾則超過四千萬！

這就是露茜・鮑爾主持的電視特別節目，觀眾很少能看出她早年疾病給她造成的跛足，大家注意到的是這位美國第一流女演員的藝術天才和精湛演技。這是一位戰勝了成功的敵人，從而實現了自己的理想的女性。

露茜・鮑爾天生就偉大嗎？還是天生就有藝術才能呢？或是時機和運氣好呢？都不是！露茜只是一個不肯放棄追求的人，只是一個不願說「我做不到」的人，她沒有說過：「要是失敗了會怎樣？」或是「那是不可能的。」

露茜先是成為自己生命中的主宰，而後才成為受到成千上萬人敬仰的成功者。你也有像露茜一樣的自由意志。是否把握住現在，是否與阻礙你實現理想的敵人搏鬥，這都取決於你。你自己決定是嘗試一次、二次、還是三次……

你必須自己做出決策，做出選擇。唯有你才能實現自己的理想，唯有你才能做出決策去做自己生命中的主宰！

Part 3

伴隨你成功的朋友

目標說：「我做得到！」

目標說：「我相信因果律，而且每天都用之於實踐。」

目標說：「我面向未來。」

「目標」能幫助你成為自己生命中的主宰！

Chapter 11.

熱情的多麗

現在你知道了使你難以成為生命中的主宰的敵人——迫使你向生命中的困難低頭的力量。這種力量使你說：「我不行，我做不到。」這種力量使你懷疑自己、暗示自己：「要是失敗了會怎樣？」這種力量使你放棄努力並要你說：「這是毫無希望的。」

然而，在你成為自己生命中主宰的道路上，伴隨著你的還有許多朋友，這些朋友是——

——熱情

——行動

——金箴

——耐心

——積極的態度

——目標

——自信

這些都是你戰勝困難的友軍，它們時刻準備著聽從你的召喚。當你需要時，你可以從中吸取力量；當你耳畔迴蕩著「我不行」、「這不可能」的聲音時，你可以從中獲得心靈的慰藉。

下面我將把這些朋友一一介紹給你——

多麗・帕頓出生在田納西州蘇維爾鎮兩間一套的木頭結構房子裡，共有十一個兄弟姐妹，她排行第四。她父親以耕種為業維持家庭，因此全家生活比較貧苦。

多麗的童年就是在這樣的家庭條件下度過的：房屋簡陋、洗衣服用手絞、屋前的院子都是垃圾和廢舊的汽車零件。但多麗始終對生活懷有熱情，她不滿足於長大後只做一個生養一大群孩子的尋常山野婦女。

還是幼兒時，她就學習唱歌。五歲時，由她媽媽記錄，她已能創作一些歌詞。七歲時，多麗用舊樂器自製了一把吉他。第二年，她叔叔送給她一把真正的吉他。從此，她那熱情歌聲就一直為人們所喜愛。

上中學時，她穿不起漂亮的衣服，但她有理想，有熱情。她妹妹回憶說：「多麗從不羞於把自己的理想告訴別人。我們住在山區時，因為沒人會有她這樣的理想，所以，別人都嘲笑她。」

多麗一生都在不斷地歌唱，她是第一位發行了百萬張唱片的女性。她的熱情如江河奔流、滔滔不絕。

多麗的經歷向你提供了一個很有說服力的例證，它告訴你：熱情是如何經久不衰地推動你面向目標勇往直前的——直到你成為生命中的主宰。

熱情是什麼呢？當你心中有一個你深信不疑的目標時，當你努力工作力求實現自己理想時，你便會精神百倍、朝氣蓬勃地投入生活，這時你便有了熱情。你會感到幸福，對自己充滿了自信心。

我並不是說你應該永遠保持微笑，或者應該認為環境總是完美無缺的，這不是熱情，這樣做是過於樂觀，這種主觀的善良願望是不會持久的。對別人不妄加評論，你願意幫助別人，從中你便可感到愉快和充實。

但光有這些還不夠，熱情最重要的表現是：當你充滿熱情時，你會發覺很容易擺脫「我不行」、「那是不可能的」等消極念頭。

當你想要退縮放棄時，你的熱情會激發你繼續前進；當困惑、憂鬱、擔心侵占你的頭腦時，你的熱情會幫助你驅逐它們。

你的熱情使你堅信自己能做好自己想做的事，這種力量能戰勝任何阻擋你成功的阻力。

充滿熱情的人知道事情並非永遠一帆風順，有時甚至覺得自己的理想永遠不會實現，但是，因為有熱情，所以他會激勵自己，他會更加深入地鑽研手頭的問題。這樣，他很快就會發現努力增一分，離成功就近一步。

當熱情消退時，我有一個重新培養起熱情的祕方。我的做法是：去想那些經由不斷努力從而由沒沒無聞變為受人尊崇的人的事蹟。

我想到多麗・帕頓，她從一個山村小姑娘變為一個擁有幾百萬聽眾的大歌星。

我想到一個推銷員，他叫鮑勃・帕特。他雖然沒有讀完中學，但他在加州聖瑪特歐做不動產生意，每月收入達上萬美元。你根本想不到他會是個盲人。

我想到布雷茲・沃克。他研究熱帶魚，以寫書為業，生活過得很不錯。或許他還是美國認識熱帶魚最多的人。可是我要是把他的情況介紹一下，你一定會覺得難以置信。十九歲時，他得過脊髓炎，從那以後，他一直臥床不起，呼吸得藉助一個機械裝置，他寫書用的是他身體中唯一能夠自己控制的部分——舌頭！

我還想到詹姆斯・班森・歐文。他在一次駕駛飛機時，因失事摔斷了兩條腿，下巴碎了，腦震盪還使他喪失了記憶。經過兩年的精心治療和施用催眠術，他恢復了記憶，並得以重返駕駛艙。後來，他申請當一名宇航員，可是沒有被批准。他又接連申請了三次，都被拒絕了。面對挫折，他毫不氣餒，滿懷熱情地等待著願望實現的那一天。

終於，他成了登上月球的第八個人。

你不可能阻止一個懷著明確的目標、充滿熱情地游向理想彼岸的人的行動；你也不可能戰勝一個經受得住外界任何打擊的人。一旦有熱情伴隨著你，你也是難以戰勝的。

讓熱情來描繪你的生活吧，讓熱情在生活中伴隨著你，推動你事業的成功。讓熱情幫助你成為自己生命中的主宰。

Chapter 12. 立刻動手

伴隨著你成為自己生命中主宰的第二個朋友是行動。

行動意味著「立刻動手！」

假使有個站在游泳池旁的人問你：「我應該怎樣往下跳？」你或許會這樣回答他：「不要想得太多，只要你現在就跳，你便會知道該怎樣跳下！」這就是所謂的「立刻動手」。

我們不妨想像一下，那空地停著一輛漂亮的小汽車，它在陽光的照耀下閃閃發光，非常引人注目。可是，如果你不去轉動鑰匙，啟動引擎，它是什麼地方也到不了的。它可能是性能最好、速度最快的小汽車，可要是不啟動它，我們是永遠不會知道它的這些優點的。

其實，這跟你想達到目標必須採取行動的道理是一樣的。或許你有世界上最妙的主意，你定的目標也是最佳，但是，如果你不「立刻動手」，那什麼奇蹟也不會出現。

有這樣一條規律：「行動先於結果。而且，有幾分耕耘，就有幾分收穫。」大多數人從未達到自己理想的目標，原因就在於他們沒有採取會帶來結果的行動。大多數人都曾有過幻想，但是絕少有人去行動而實現這些幻想。

我還是來講一個透過行動實現了自己人生理想的人的故事吧！

這個人在最困難的時候，每天只有十八美分和兩罐沙丁魚餬口。因為付不起房租，他不得不經常從一家便宜的小套房搬到更加便宜的鄉村裡去住。他一生中有二十年是在美國海岸警衛隊裡度過的。當時他當廚師，空餘時間就代男同事寫情書。

這段時間他愛上了寫作，不過這時他並沒意識到寫作會給他帶來幸運、名譽和前途。在整整八年的時間裡，他每天晚上都堅持動筆，經過八年的刻苦努力，他終於第一次在雜誌上發表了自己的作品，稿酬是——一百美元。

他從海岸警衛隊退休後，就一門心思從事寫作。他的稿酬並不常有，而催還借款的信卻接連不斷。

別人給他一個到政府部門工作的機會，可是他拒絕了。

「我是個作家，」他說，「我得不停地寫。」

時間一天天過去，稿費也日漸多了起來，可是總是不夠還債。他學會到編輯部去吃午餐，這樣可以讓編輯付帳。

他有一個夢想，而且一天比一天強烈迫切，成了他生活中的一個目標。這個目標就是花兩年到三年的時間寫一本長篇小說。可是事實上他花了十二年，為此他心力憔悴，人窮財盡。寫了九年，他負債高達十萬美元。這是他為理想付出的高昂代價！

他內心極度苦悶，幾乎要對生活絕望了。一個漆黑的夜晚，他獨自一人來到漫無邊際的大海邊，攀上了一條大船。他在甲板上徘徊，心裡想著只要這麼往下一跳，一切問題都解決了。

可是，此時另一個念頭也占據了他的腦海，他發現自己對那部未完成的長篇小說有一種強烈的創作欲望，他相信自己的作品會在讀者中引起迴響。他離開了船舷，重新邁向那坎坷的成功之路。

他為了達到自己的目標，在十二年的時間裡經受了常人難以忍受的艱難困苦，終於完成了這部作品。小說出版後立刻引起轟動，僅在美國就發行了一百六十萬冊精裝本和三百七十萬冊平裝本。

這部小說還被改編成了電視連續劇，觀眾超過一億三千萬人，創下電視收視率的最高紀錄。電視劇在金像獎中，共得了九項大獎，作者榮獲了普利茲文學獎，其個人收入超過了五百萬美元。

一本書和電視連續劇的名字就是《根》，作者是亞歷克斯・哈里。

哈里說：「取得成功的唯一途徑是努力工作，並且對自己堅信不疑。世上並沒有什麼神奇的魔法可以將你一舉推上成功之巔——你必須有理想，你必須有信心——遇到艱難險阻必須設法戰勝它。」

亞歷克斯・哈里的確做到了「立刻動手！」毫不遲疑地堅持寫作而沒有去政府部門任職，他也沒有「留待以後再做」——他確立目標後就馬上投入工作。

如果你是個將事情「留待以後再做」的人，那你唯有改變這習慣，使自己變成一個「立刻動手」的人，你才可能獲得成功，除此以外，別無他法。成功發源於「立刻動手」。

你想不想增強自己的體魄？你想不想改善與別人的關係？你想不想改掉壞習慣？你想不想取得更好的成績？你想不想解決你面臨的困難？如果想，那就請你「立刻動手」吧！你任何的希望、理想和目標都只有透過行動才能一一實現。

思考不會使希望變為現實；期待也不會使理想變為現實；幻想更難使目標變為現實。只有你用行動去追尋理想和目標，只有當你挖掘出自己身上的鑽石寶藏時，理想才會變成現實。

有些人並不「立刻動手」，因為他們說時機未到，他們想等待更好的機遇、更好的機會。

最近一年多以來，達拉斯牛仔橄欖球隊戰績不像往年那樣好，對此，一些人發表看法說這是因為這個隊的運氣不好，所以它才沒有取得了「好的戰績」。

可是當有人請這個隊的球員多塞特分析一下原因時，他卻不同意這種觀點。他說：「我們隊有許多優秀球員，這使我們把贏球的希望都寄託在他們身上，可能我們太依賴他們了。」

多塞特繼續說：「你想要贏就不能總是等待好運氣的出現。如果迫不得已的話，就是在陰天的黃昏時分，我們也得準備好跑上三碼路。」多塞特清楚地認識到「立刻動手」在現實中的含義，也就是說，成功靠等「好運氣」是等不來的。

這對你來說也是一樣，不要等待「好運氣」，也不要等待最好的行動機會，現在就開始做。世上不存在絕對的好時機，不存在完美無缺的力量，同樣不存在十全十美的完人。所有的機會、力量、能力都是在行動中體現出來的。

我還要提醒你一句：你能不能邁出行動的第一步全在於你自己，其他任何人都無法替你做到這點。

有句諺語：「好的開始是成功的一半。」這句諺語可謂是真理。就像置身在游泳池邊，只要你往下跳，你就算開始行動了。這一開端將推動你不斷接近目標。

有些人在碰到艱苦的工作時常常不願意去做，他們總想著可以選些容易點的事做。可是事實告訴我們：成功者從來不拈輕怕重，卓有成就的傑出人才都是工作最勤奮的人！

林登・約翰遜總統每天早晨六點半就開始在白宮辦公，一天要工作十四個小時。偉大的實業家亨利・福特每天都十分仔細地排定自己的工作日程表，睡眠時間只有五個小時。他還在床邊備上紙筆，以便在休息時能記下突然想到的好主意。

查爾斯・費利把他所指導的奧克蘭球隊訓練成了世界冠軍隊，他有一個公式：「汗水加上犧牲等於成功。」他對這一公式深信不疑，並把這句話刻在了他送給每位隊員的紀念戒指上。

行動意味著工作，艱苦的工作；對於商人和運動員來說是這樣，對於想要成為自己生命中的主宰的你來說同樣也是如此。不過，去行動就會有成果，去行動就能充實地生活。

不要再猶豫，往下跳吧，去擁抱生活！

Chapter 13. 金箴的力量

我們常聽別人這麼說：「希望別人怎樣待你，你就先那樣去待別人。」這類的詞句出現在許多宗教和哲學書籍中，我們稱之為金箴（名言）。這是一條為人處世的準則。

成功者知道，單靠自己一個人是無法做成事的。大家都生活在一個世界上，你怎樣對待例人以及別人如何對待你，取決於你們遵循金箴的程度。成功者都發現，金箴對他們很有效。

電視女明星卡洛兒・伯內特講過一個精采的故事，說的是她如何照金箴行事從而改變了自己生活的事。

卡洛兒曾是加州大學洛杉磯分校藝術系的學生。

有一次，她的一個教授因要到歐洲去，所以一些學生來參加教授的告別聚會，卡洛兒也在其列。演出之後，她和教授攀談起來。教授問她在生活中有何目標。

她告訴教授說她想到紐約去演戲，可是她承認自己連路費都拿不出，更別說去那創一番事業了。實際上她還對教授隱瞞了一些真情：她、母親和祖母都是靠救濟金生活的，她們全家的確很貧困。

教授說他很樂意借錢給她，以讓她去紐約闖一番天地。他說，一千塊錢我想該夠了。

事實上，教授對此事非常嚴肅認真，並非隨口說說而已。教授以及他的妻子和卡洛兒坐下來詳細地商量了這筆借款的條件。他們要求她做到三點：第一、如果她成功了，她應該在五年內償還這筆錢（不要利息）；第二、她不得向別人透露錢的來源；第三、要是她接受這筆錢，當她有能力時，應該同樣如此善意地幫助別人。

換句話說，她得遵循金箴。

卡洛兒接受了這筆錢，她得在很長時間才能還清這筆借款，而且，儘管她沒有說什麼，但那些認識她的人都確信，她會不只一次的滿足第三個條件的。卡洛兒知道誰都不可能單靠自己的力量就能成功，誰都需要別人的幫助。

這也適用於你，如果沒有別人的幫助，你也會寸步難行的。

作為自己生命中的主宰，你是不能控制別人的言行，但對自己的言行，卻是能牢牢控制的。既是如此，你又是否考慮過，你的行為是在貶低別人還是在幫助他人走向成功呢？

在美國有「酒精暗助人」，他們是自願幫助酗酒者戒除酒癮的人。還有幫助過度肥胖者減肥的團體，稱為「食量過度暗助人」；有防止賭博的「賭博暗助人」；還有幫助情感上有問題的人的「情緒暗助人」。

據估計，全美國總共有五百萬人參加了類似於這樣幫助人的組織！他們都不聲不響地為他人工作，不求報償。他們都遵循了金箴。

你想不想別人待你特殊一點呢？你想不想別人對你更加客氣些、更加關心些呢？可以說我們大多數人都這樣希望。但我們又常常忘記一點，即是：別人對我們的態度是由我們對別人的態度引起的。因此，如果你想要改變別人對你的態度，你首先必須改變自己對別人的行為和反應方式。每天照金箴行事，你便能贏得別人的喜愛。

有些人認為，遵循金箴的人總是因循守舊、頭腦僵化，但羅傑・斯托貝奇卻不這麼看，這個達拉斯牛仔橄欖球冠軍隊的主力隊員堅信金箴。

斯托貝奇說：「要是我熱愛家庭就被稱為是因循守舊，那我寧願做這樣一個因循守舊的人，並為此而感到自豪。」

斯托貝奇待人如待己，結果呢？他說：「當我走進更衣室，我便感覺到，同伴對我也很尊敬。」

怎樣才能讓人尊敬你呢？金箴指出：你尊敬別人，別人也會尊敬你。金箴的另一種說法是：如果人與人之間缺乏忠誠和信賴的話，人類將會一事無成。

金箴意味著——

1．若你與別人互相間產生了隔閡，你首先應該考慮自己的舉止是否有不當之處，而不是把責任推給別人。

2．不要用貶低別人的辦法來抬高自己。

3．你應該去尋找別人身上的優點——甚至對那些被認為是平庸無能、沒有主見的人也應該這樣，當你對他的期望與他的實際表現相吻合時，你會欣喜萬分的。

4．對別人為你做的一切，你應該充滿感激之情，你應該真誠地對他們說：「謝謝你！」

5．你不要等著別人來對你表示友好——你應該首先善意待人。

遵循金箴的人可以學會控制自己。當別人誘使他們吐露某些祕密時，他們能以沈默對待，始終不透半點口風。沈默是使你避免去做、去說你將來會後悔的事的最好武器。

遵循金箴的人與平常人相比是「百尺竿頭，更進一步」，他們不是等待，而是「立刻動手」，即馬上把事情整理清楚，並加以完成。

金箴是伴隨著你成為自己生命中主宰的強有力的工具。請你學習使用它吧，它會幫助你做到你想做的一切。

不過我想再提醒你一下：遵循金箴的人做事並不顧慮重重，因為他們相信金箴的威力。

你的行動必須是誠實和真摯的，你不應去追求獎勵報酬和喝彩。

約翰・甘迺迪總統在其就職典禮上曾說過：「不要問你的國家為你做了什麼，而應該捫心自問自己為國家做了什麼。」

——這是金箴的另一種表達法。

如果你考慮的是你該給予別人什麼，而不是考慮從別人那兒獲取些什麼，那麼你就能成為自己生命中的主宰。

Chapter 14. 頗費周折

你一定迫切地想成為自己生命中的主宰，也一定想盡可能地達到自己的目標。不過，當你向目標邁進時，請記住一點：要造就一個新的「我」是頗費周折的。

「羅馬不是一天造成的！」我想你一定聽說過這句話，我想你也一定清楚凡是偉大的成就，都是歷盡數年才取得的。很顯然，我們做任何事都必須有耐心。

最近，我聽別人談起一個實驗，它的結果表明耐心是多麼重要。實驗是這樣做：

用一根細絲線懸掛起一個小瓶木塞，與它並排吊著的是一根很重的鋼條，上端用金屬鏈勾住。推動木塞，讓它與鋼條輕輕碰撞，這樣，木塞就一邊擺動，一邊撞擊。開始時鋼條一直紋絲不動，十分鐘，二十分鐘……到了三十分鐘時，突然，鋼條開始顫動了！小木塞每撞擊鋼條一下，鋼條就顫動得更加厲害。以後，鋼條開始移動了一點，接著移動更多，再過半小時後，鋼條也像那木塞般來回地擺動了。這時候如將木塞拿走，鋼條還是在持續地來回擺動。

透過這個實驗我們可以明白，耐心對做一件艱巨的工作，是具有多麼大的作用。

「我不會一鳴驚人，因為我不是一個舉足輕重的人物，而且我不夠聰明。」你經常這樣想嗎？那讀了我介紹的那個實驗以後呢？我想你一定相信，如果你有耐心，你也能像小木塞一樣推動鋼條的，也就是說，耐心是伴隨著你成為自己生命中主宰的另一個朋友。

首先，耐心告訴我們必須一天天地做事情。你不可能在一天之內解決自己所有的問題，也不可能在一天之內完成自己所有的計劃；像小木塞那樣，你需要長時間的努力。

體育運動員把這稱為「循序漸進」。當一個比賽季節開始時，運動員並不是毫無準備地參加第一場比賽。

在此之前，他們常要花幾星期甚至幾個月的時間來訓練。透過訓練，他們改進自己的不足之處，力求每天都能提高一步。這樣到了比賽那天，他們早已做好了充分的準備。

讓我們再來想一想舉重運動員是怎樣成為冠軍的。開始時，他舉的重量很輕，然後每天加一點重量，透過這樣的訓練，最後，他可以舉起上百磅重了。

耐心，靠的就是這種方法。從現在開始——「立刻動手」，一次走一步，一天天堅持下去。

「循序漸進，無所不能。」

這話這樣說：人既不能在一天之內學會讀書寫字，也不能在一天之內學好數學或學會彈鋼琴。沒有人能在一天之內學會做有價值的事情，沒有人能在一天之內破除舊習慣建立新習慣。每個成功者都懂得要成功就要付出代價，這個代價就是時間，也就是耐心。

你的耐心怎樣？你是否願意一步步、一天天地追求自己的目標呢？當然，在追求目標的過程中你會感到工作的艱苦、奮鬥的辛苦，還可能看不到最後的結果。有時，你甚至可能永遠達不到目標。

我回憶起自己在準備寫本書時曾是多麼的心灰意懶，我清楚地記得自己情緒最低落的那段時間。當時我好像覺得自己無法將資料簡潔明瞭地整理出來，我會整頁整頁的寫那些我覺得只要用幾句話就能表達清楚的詞句。我開始懷疑自己的手稿是否還有價值，我甚至懷疑自己是否能寫這本書呢！

那段時間我一直很苦惱。一天，我在首都華盛頓的一家餐館吃午飯時，碰巧遇到一個熟識的大公司的總經理，於是便和他談起了我為即將召開的一個全國性會議而寫的演講稿。我大約花二十分鐘概述了我演講的內容，說明了我演講中引用的一些例子。由於我注意力都集中在與總經理交談上，因此沒發現旁邊桌上還坐著一個人。當我站起來準備走時，侍者過來遞給我一張條子，他說這是一位女顧客付帳離開時要他轉交給我的。

這張紙條上寫著：「親愛的先生，請原諒我偷聽了您的談話，不過您關於決心和踏實苦幹的見解使我深受啟發。有些人認為我不可能實現自己生活中的目標，我也一度感到自卑，可是聽了您的話，我眼前的生活道路突然變得寬廣明亮了。謝謝，十分感激您無意中給我的鼓勵。」紙條上的簽名是「坐在鄰桌的婦女」。

這時我意識到，自己是被擔心和疑慮奪去了勇氣。這張紙條使我重新明確了對自己目標的追求，我認識到，耐心的代價是值得付出的。

你還記得我在本書前面已提到過的成功者嗎？請想一想四十歲時才實現她夢寐以求的成為演員夢想的露茜·鮑爾，你能不能像她那樣長久地追求呢？你有達到自己目標的勇氣嗎？

想一想O・J・辛普生，在成功之前他歷盡千辛萬苦，但從沒有放棄過嘗試與努力。

想一想亞伯拉罕・林肯，他屢次失意，屢次奮起，執著地追求自己的目標，即使一再受到失敗的打擊，他仍能堅持著做新的嘗試。

這些就是耐心所具有的實際含義。

耐心使你堅持不懈，因為你知道只要自己不斷努力、不斷追求，最終就會成功。與人相處是這樣，在學校裡學一門課程是這樣，想要提前完成工作是這樣，想要得到美滿的婚姻也是這樣，具有耐心的人總能成功。他知道，人一次只能做一件事，必須在專心致至完成一樣工作以後，再接著做另一件事。

要是你想在一段時間內做很多的事，那你將會什麼事都做不好。此時你會變得神經高度緊張，脾氣暴躁，稍有不順就會感到洩氣。

要是某天你很忙，好像你必須在一天之內做完十幾件事，那麼請你記住一條原則：一次只做一件事。這就是說，你可以把你要做的事情按順序列成清單，一次做一件，逐件完成。這意味著你必須保持冷靜，如果你遵循這條原則，你便能做好每件你必須做的事。

如果你每次努力都使自己改變一點，你就可以改變自己的生活，使自己成為一個有用之才；如果想一次解決所有的問題，那你就永遠不會成功。只有一次做一件事，你才能常奏勝利凱歌。

耐心還告訴我們，有時在成功之前，可能要嘗試幾十次甚至上百次。

你是否還記得「蘇士博士」為了出版自己的第一部作品跑了二十八家出版社的事？請想一想托馬斯・愛迪生，他在發明電燈之前曾做了上萬次的實驗。

我認識一位太太，她考駕駛執照失敗了一百零二次，但她沒有放棄努力。在七十五歲時，她又去試第一百零三次，結果她通過了，這費了她六年的時間。

耐心使這些人連續不斷地向自己的目標衝擊。耐心也能幫助你不懈地追求直到實現自己的理想——成為自己生命中的主宰。

Chapter 15. 殺害理想的凶手

現在我要向你告發一名凶手，它殺害的是希望和理想，它的名字就叫「消極的心理態度」。

帶有消極心理態度的人很容易放棄努力，他們很容易屈服於疑慮和擔心。消極的心理態度使你一無所得，它會對你說，你注定是要失敗的，你根本就不具備成功者的條件。消極的心理態度使你成為一個「老是認為自己是不可能成功的幻想家」。

一旦你的頭腦裡充斥著消極的態度的想法時會怎樣呢？消極的態度和思想會帶給你消極的情緒——

擔憂　緊張　失望　內疚　憤怒

嫉妒　焦慮　懊悔　懷疑　悲觀

這些情緒都是有害的，是你應盡力加以擺脫的；

你所需要的幫助你成為自己生活主宰的東西是積極的心理態度，而積極的心理態度帶來的情緒有——

希望　決心　愉快　信任　自尊

樂觀　自信　膽量　抱負　自由

這些才是你所需要的、為你服務的情緒。這也是你應該培養一種積極的心理態度的原因。

到底選擇哪一種態度，這取決於你。

亨利・福特是福特汽車公司的創始人，他曾經說過：「認為自己能做到的或認為自己做不到，是兩種截然不同的生活態度，對此你可以任意選擇。」

開始時你必須認為並確信自己能行，你必須具有積極的心理態度。生活中，積極的心理態度猶如汽車的馬力，馬力低意味著輸出低、速度慢；馬力越大，輸出就越大，速度也越快。

你必須有高的輸出，你必須在通往目標的征途上勇往直前，你必須具有積極的心理態度。不過你怎樣才能做到這些呢？

首先，你應該每天對自己說：「今天我做一些事，今天我將完成我一部分的目標。」

每當消極悲觀的念頭進入你的腦海時，你應該加以排斥。你應該少與那些抱有消極思想的人交往，以免他們的消極態度傳染給你。

我確信你隨時可以見到、聽到消極的行為和思想。幾乎每所學校、每家工廠、每個商業機構裡都有些消極的人，他們不喜歡上司，他們不喜歡家具的樣式，他們希望把自己的辦公桌搬到遠離眾人的房間的另一頭。另外，這種人還老是取笑努力工作的人，取笑那些力求把工作做得完美無缺的人。

事實上，那種對別人抱有消極態度的人十有八九是在表明這樣的思想：「我不能成功，我什麼事情都做不好。所以，我要每個人都相信那些能做事的人都是傻瓜。」

千萬不要受這種人的影響！不要讓這種人把你也改造成像他們那種一天到晚都鬱鬱寡歡。

有人曾對大學生做過一項研究，結果是：那些認為自己學不好的學生的確學不好，而另一方面，那些認為自己學得好的學生的確學業優秀。這便是積極的心理態度與消極的心理態度造成的差別。

亨利・福特就是個保持積極心理態度的人。有一次他想，如果汽車能裝上一種打不破的玻璃，那產品一定會受到用戶歡迎的。他把實驗室裡所有缺乏經驗的青年人都叫來，把這一想法告訴了他們。

福特深知，如果他去問有經驗的工人，他們一定會說：「這是不可能的。」因此他讓青年人去探索——青年人是素有勇氣追求新事物的。果然，他們很快就造出了不碎的玻璃。這也是由於態度的差異導致結果的不同。

每當我想到積極的心理態度，我就會想起一位名叫坦迪・賴斯的人。賴斯開了家承辦全世界歌唱和演說業務的代理公司，一天，他在報紙上看到有一家演出公司和前總統吉米・卡特簽了份合同。

「太棒了！」賴斯說，「這對我來說是一個挑戰。我要和他們競爭。」賴斯從這天起就計劃要和這家公司爭個高低輸贏，他想和卡特總統的弟弟比利・卡特簽份合同。

賴斯很快就發現要這樣做非常困難。「就是去見教皇也比這個容易些。」賴斯後來說，「在比利家門口有很多警衛保全人員，好像全國有很多人都想見比利・卡特一眼似的。」

比利・卡特不時地更換電話號碼以防別人來打擾，而且他絕少走出自己的辦公室。

賴斯進行了一些調查。他發現自己和比利・卡特有兩個共同興趣，一個是在商業上，「我發現他是個精明的商人。」另一個是他們都喜歡鄉村音樂。這樣，賴斯便給比利・卡特發了份電報，開頭說：「親愛的卡特先生，多麗・帕頓和波特・瓦戈納要我打電報給您。」

這份電報引起了比利・卡特的注意，他和賴斯開始了接觸，並很快就進行了商業方面的合作。

賴斯的事例告訴我們，積極的心理態度能為我們服務。

我再來講一個故事。在某個集中營裡有個受過良好教育的人。一天，其他被關押的人發現他在學理髮。別人就問他學理髮幹嗎？他說只有理髮師才被允許進禁閉室去見被關禁閉的人。

「可是你想幹什麼呢？」別人問他，「我們都不允許和被關禁開的人說一句話的。」

「對，我知道。」他回答道，「不過我還是想去鼓勵他。」

後來他學會了理髮並被允許進禁閉室。他在理髮時旁邊總有人看守，以防他們交談。即使這樣，他至少有三次用堅定的語氣對囚犯說：「請把你的頭抬高一點。」看守們還以為說這句話只是為了便於理髮。

但是，我也要告訴你：「請把你的頭抬高一點！」哪次你要是垂頭喪氣了，請你回憶一下這個故事，以使自己保持積極的心理態度，你頭腦中的主導思想將會影響你以後的思想和行動。

所以你必須小心，隨時檢查一下自己的思想。只有你自己才能選擇正確的思想和行動。讓自己積極地思考吧，積極的心理態度會幫助你成為自己生命中的主宰！

——把你的頭抬高一點！

Chapter 16. 成功的起點——目標

這樣說似乎很難令人相信，但有一點你不可否認：生活中許多人之所以沒有成功，其主要原因就是——他們往往不明確自己行動的目標。

人們必須首先確定自己想幹什麼，然後才能達到自己預定的目標。同樣你應該首先明確自己想成為怎樣的人，然後才能把自己造就成那樣的有用之才。

你已經了解了因果律，我想你一定還記得它的內容吧，對於你希望得到的東西，它總能成為現實。

但是，許多人搞不清楚自己需要什麼。如果問他們希望得到什麼，他們會回答說，需要「幸福」或「金錢」或是「過好日子」。

但是，這些希望都是「含糊不清」的，作為目標必須是具體明確的。我們大家都懷有夢想和希望，但是對於大多數人來說，那只是朦朧的夢想和希望。因為他們不清楚自己到底喜歡什麼，到底想成為怎樣的人。

讓我向你介紹一位懂得確立自己目標的人。他十四歲時沒讀完中學就失學了。因為家裡很窮，從小就出去打零工，摘一百磅棉花才能得一美元二十五美分。

他四歲時，叔叔送給他一把吉他，這是花了五美元從舊貨攤上買來的。不過這把吉他使他第一次萌發了要成為最好的歌手的願望，這也是他早確立的目標。

他長大了，開始在俱樂部和街上彈吉他，通常是沒有報酬的，後來他到電台當音樂伴奏，可是他覺得自己還是鮮為人知。

「沒有一個我為之伴奏過的歌星知道我的名字。」他說，「我只是個在角落裡撥弄吉他的小東西。」

在電台當音樂伴奏可以賺不少錢，可是這不是他的生活目標，因此他放棄了電台的工作，開始自己舉行演唱會。雖然這很冒險，但這是他生活的目標，他願意冒這個險。

他錄製的《我心中的溫柔》和《我到鳳凰池去的時候》兩張唱片很受歡迎。最後，這位叫格倫・坎貝爾的人實現了自己的目標——成了一名著名的歌星。他並非像報上所說的那樣是「一鳴驚人」的人，他為自己的目標奮鬥了二十五年。

「我有過很困難的時候，」他承認，「不過我一直很清楚自己想要做到的是什麼。」這便是你想要成為自己生命中的主宰所必須具有的品質。

你應該怎樣開始呢？你首先應該把自己的理想和願望用明確具體的詞句表達出來。你不要沈思默想而應該有具體的目標。你不應簡單地說：「我想進大學。」而應該發誓說：「我想到當地的州立大學去讀書，而且使自己的成績列於前十名以內。」

這時你的願望才開始轉變為你能夠實現的東西了。你的願望有了目的地——就像飛行員著陸機場一樣，在你沒有搞清楚著陸地點之前千萬不要起飛。

如果你目前的理想和願望還不夠明確，不足以成為一個目標，那就這樣試一試：想像五年後的你。請你自問：「我想受多高程度的教育？我想做怎樣的工作？我期望怎樣的家庭生活？我喜歡住怎樣的房子？我想賺多少錢？我想結交怎樣的朋友。」

或者可以這樣試一試：在一週內每天花十分鐘列出所有你能考慮到的目標。一星期後，你手頭上就會有幾十個甚至上百個可能實現的目標。

這樣做會迫使你寫出自己的願望，這是開始把你的目標變為具體要求的最好方法。

請你記住，重要的不是你現在怎樣，也不是你曾經怎樣，重要的是五年後你將會怎樣，五年後你將會在何方。或者，一星期後你將會怎樣。只有你為自己確立了明確的生活目標，你才能以此為起點去實現這些目標。

樹立目標的最有價值之處在於可以避免浪費時間，避免漫無目的地瞎幹。你能集中精力去達到目標。

目標會使你變得強有力；目標會使你胸懷遠大的抱負；目標在你失敗時會賦予你再去嘗試的勇氣；目標會使你不斷向前奮進；目標會給你前途；目標會使你避免倒退，不再為過去擔憂；目標會使理想中的「我」與現實中的「我」統一結合在一起。當別人問你「你是誰？」時，你可以回答：「我是能完成自己目標的人。」

確定了目標意味著成功有了開端；缺乏目標意味著失敗。

假如你目前的確沒有目標——或者沒有遠大的目標，那怎麼辦呢？確立目標對你來說是十分重要的，有時你會突然發現自己理想中的目標。如果你現在為自己建立了一個小目標，並且不斷地透過實踐來達到它，那你就會懂得確立了大目標時該怎樣去實現它。這對你來說是一種準備。

要是你還是像許多人一樣不知道自己的目標是什麼，那就讓我告訴你吧。如果你相信你今天能比昨天做得更好，那你實際上已為自己每天的生活確立了目標！

在學校裡你今天能比昨天做得更好；在工廠裡你今天能比昨天做得更好；與人相處你今天也能比昨天做得更好。這些都是能使你有所成就的有意義的目標。

確立目標的另一個好方法是——坐下來靜靜地想一想：

「我想成為怎樣的人？」

「我想成為的那一種人應該具有怎樣的精神面貌？」

「要是我想成為工人或上班族，那我該怎樣行事呢？」

在全盤考慮了這些問題以後，你在自己的腦海裡就可以清楚地看到自己想成為的那種人的形象，這時把它寫下來，貼在屋內的大穿衣鏡上（或書桌前），每天讀兩遍。

在你生活的每一領域——工作、學習、與人相處、精神生活上……都為自己確立一個目標。

一次確立一個目標，完成工作之後再確立下一個目標，這樣不斷以新的目標為起點，你就能最終攀上成功的頂峰。

目標說：「我做得到！」

目標說：「我相信因果律，而且每天都用之於實踐。」

目標說：「我面向未來。」

「目標」能幫助你成為自己生命中的主宰！

Chapter 17. 自信培養起自尊

伴隨著你成為自己生命中主宰的最後一位朋友是自信。自信意味著你具有尊敬自己的明智——認識到自己也是偉大人類中的一員。

美國前總統艾森豪威爾是第二次世界大戰時傑出的指揮官，聲名顯赫，戰功卓著。當有人問他生活中最重要的方面是什麼時，他回答說：「總而言之，最重要的是要有自尊。」

「自尊」就是認識到自己和世界上的其他人一樣具有潛力。你是否還記得我們前面談過大多數人只用了自己百分之十的潛力！那麼請想一想，如果你設法利用自身更多的潛力，你將會怎樣？

你應該如何增強自信呢？你尊敬自己嗎？我認識一個推銷員，他為了幫助自己成長，寫了一張自我鑒定，還把它貼在鏡子上。每天早晨當剃鬍子時他就讀這張自我鑒定，上面寫道——你是世界上最有天賦的人之一。你已經成功地完成了許多事情，將來你會有更多的成就。你將會成為一個多麼偉大的人啊！

這位推銷員牢記著其他人可能已經遺忘的事。我們每天都在出售「新產品」、提出新觀念，從不間斷。如果不是別人時時提醒我們可口可樂是一種高級軟性飲料，那麼可口可樂可能很快就會滯銷。

可口可樂是這樣，人類個性發展也是如此。只不過人不同於商品，人能夠成長、能夠學習並能完成偉業。或許你應該時時記著向世上最重要的顧客——你自己出售「新產品」、新觀念，向自己灌輸這樣的思想：你擁有巨大的內在潛力，你身上還有許多尚未開發的天賦和才能。你敢不敢把幻想變為目標？你相不相信你自己能做到？

在遇到挫折時，我們往往很快就會放棄努力，不再堅持嘗試。而且我們不再嘗試的理由通常是不充足的。

我們常說：「這是不可能的！」或「噢！我做不來！」或「我無法改變自己！」其實，我們都是能夠的。

不願再去嘗試的人還有一個藉口，說他們已經失敗了一次到兩次，因此他們認為自己再也不會成功了。這是自我欺騙。舉不勝舉的例子表明，數次失敗並不意味著今後的努力就一定會失敗。這方面的事例我們前面已談到不少，現在就讓我再多講幾個吧。

馬爾科姆・福布斯是《富比士》雜誌的主編，他在普林斯頓讀書時，連校報的辦事員也沒當上。

作家利昂・尤里斯讀中學時，英語考試三次不及格。

女演員麗芙・嫣曼在挪威國家戲劇學校讀書時，權威人士曾說她毫無才能，嗓音條件更是糟糕。

英國作家夏綠蒂・勃朗特的小說曾被英國詩壇的桂冠詩人華茲華斯說成是：「像公證員的筆記或裁縫婦發狂時的胡編亂造。」

我可以再舉出許多例子，但你已經看出了問題的關鍵——幾乎每個成功者都曾被別人認為是個失敗者。成功者與失敗者的區別，在於成功者沒有放棄努力。成功者知道——你也知道，每個人都有能力。成功者懂得我們所有人只要不斷努力都會成功。成功者對自己充滿信心，同樣，你也能培養自信心。你可以相信自己，相信自己的理想，你能夠用行動去追索自己的信念。

造物主並沒有讓別人做你生命中的主宰，他是要讓每一個人成為自己生命中的主宰。

你能有所作為。

你是自己生命中的主宰！

Part 4

成功的主宰力

想要改變自己的生活，一開始還得具有極大的勇氣。

你要有勇氣去改變舊的習慣、舊的思想、舊的行動；

你要有意識地採取行動，不畏艱苦；你要有耐心，有決心。

我相信，你能做到！你能成為自己生命中的主宰！

Chapter 18. 主宰力

談到這裡，我想你一定了解了伴隨著你衝破險阻、使自己的美好願望成為現實的朋友——你的主宰力了吧！

也許把這些主宰力的儀仗隊展示在你面前，將更有助於你主動性的發揮。好，那麼請看——

在你生活中，到處埋藏著「鑽石寶藏」等你去挖掘。

在你生活中，你想做什麼就做什麼。記住，自由選擇。

在你生活中，「因果律」是一條重要法則，做事前你必須首先考慮一下，你希望出現怎樣的結果。

在你生活中，相信自己，相信自己有能力做成一些事情，這是至關重要的信念。

在你生活中，自我肯定是一種神奇的動力，驅使你每天去完成你原以為做不了的事情。

在你生活中，培養良好的心理習慣，它能幫助你去摘取成功的桂冠。

在你生活中，不要忘了想像，對那些希望在未來生活中出現的美好事物，先在腦子裡描繪一幅艷麗的圖畫。

在你生活中，存在著與你的主宰力相抗衡的勁敵，它們阻滯你的發展，讓你整天只會嘆息：「我做不到。」、「如果失敗了，人們會怎麼說我？」、「這是不可能的。」

當然，你也一定知道還有一群可以幫助你戰勝這些敵人的朋友。你看，他們神采奕奕地走來了——熱情、行動、金箴、耐心、積極的心理態度、目標和自信心。

我在本書末尾附了一個〈七週計劃〉，它能幫助你去結交這些朋友——使它們日復一日、週復一週地為你服務。

不過在這一計劃中，我首先介紹的是一個行為準則，如果你的一言一行都遵從它，不折不扣地按照它的四個步驟進行，那你就能改變自己的生活，使你的夢想變為現實，並最後獲得成功。毫無疑問，你肯定能成為自己生命中的主宰！

Chapter

19. 你能改變自己的生活

有位美國前總統，年輕時曾在他的課桌上刻下過這樣一句話：「永別了，花花公子。」

當你決定要改變自己的生活時——你想達到某一目標，你想健康地成長——你就必須在腦海裡印上這樣的話——告別過去。

不要忘記是你自己要告別往昔，唯有你自己，才能採取有效的行動來改變你的生活。

請不要以為我是在唬弄你，我可以斷定，無論是你父母、丈夫或妻子，還是你的老師和朋友，誰都不能代替你下這樣的決心。

如果你想改變自己的生活，並已有所努力，那你就必須盡量發揮自己的主動性。這也許是你生活中所遇到的最難做的事情之一，因為對生活中習以為常的東西稍加變動，都是我們極不甘願和厭煩至極的；而對那些舊觀念、舊習慣、舊的選擇，我們卻似乎頗為滿意。即使這些觀念是落後的、習慣是有害的、選擇是不當的，我們也會聽之任之。就是這些觀念、習慣和選擇，給我們帶來了最平常也是最愜意的生活。

顯然我們都明白，死抱住這些舊觀念、舊習慣和舊的選擇意味著什麼。只要我們把它們擱置一邊，我們就可以少動許多腦筋。舊的觀念和習慣會安排我們的日常生活，會省卻我們想要成為自己生命中主宰所可能帶來的許多麻煩。

不過我想問一句：「你希望這樣嗎？」我自己的回答毫無疑問是否定的。那麼你怎麼樣呢？如果你正在讀本書的話：我想你的回答也一定跟我一樣，你也想改變你自己的生活，你也希望將來能成為有用之才。

經由閱讀前幾章，你已經了解到：在貫穿一生的活動中，我們大多數人僅僅利用了自身能力的百分之十。而靠著這百分之十的能力，你或許就能生活了。和大家一樣，你完成了學業，終生從事一種工作，不求有功，但求無過，生活平淡無奇。這就是你希望的生活嗎？你很清楚，要過這樣的生活是毫不困難的，只需舉手之勞。我想，「自由選擇律」對你來說已不是十分生疏的字眼了，如果你選擇了只利用百分之十的能力，那你能過的就是這種生活。但是，你也完全可以選擇做更多的事情——是的，做更多的事情。

那麼，為什麼我們大多數人只利用了自己百分之十的能力？而不是至少是百分之二十？或者一人當兩人使呢？

答案很簡單。我們只有改變自己的生活，才能發掘出更多的潛力，做更多的事情，成為你想成為的人。我們必須改變自己的思想、信念、習慣和行動。

也許我們會迴避改變，因為改變意味著行動而不是希望；改變意味著工作、耐心、活力、時間；改變意味著我們必須面對未知的事物。

於是，在我們的默許下，過去的生活仍在今天延續，儘管我們對許多事情抱怨不已，祈求著、期望著、念叨著：「落後於時代的『廢物』應棄，我們的生活應變得更加美好。」可是同時呢，我們卻又懶得動一動手、伸一伸腳。我們希望改變自己的生活，可是我們卻不為此付出任何勞動，這怎麼成呢？

「我們能夠改變自己的生活。」請相信我說的這句話吧。在你生活的圈子裡，就有很多這樣的事例，你不妨好好考慮一番。譬如那些肥胖過度的婦女參加節食後變得苗條了；那些留級的學生因努力學習考試及格了；還有那些獲得好分數、贏得比賽冠軍、尋到好工作的人；那些使危機四伏的婚姻變得美滿幸福的人。可以說，他們的生活都發生了改變。

我敢肯定你也能舉出許多這樣的事例，不過暫且還是讓我們先來領略一下一位不平凡女性的生活真諦吧！她從一位沒沒無聞的小人物變成了一個人人尊敬的強者。

她的名字叫瑪麗・C・克勞莉。她的母親在她出生剛十八個月時就因肺炎而不幸去世，可憐的小瑪麗被祖母領到一家農場。在農場裡，小瑪麗沒過上一天舒心的日子，小小年紀就在農場做雜事，打掃清理，洗碗刷筷，一直幹到十五歲。

這時，她父親和另一個女人結婚了，父親決定把自己的孩子接回來住。很不幸，飽經苦難的小瑪麗因此又開始了她另一種痛苦的生活。原因很簡單，她的繼母是個殘忍的女人，對孩子稍看不順眼，便要痛罵一頓，甚至還經常施以拳腳。最後，法院判決她沒有資格當母親；於是，小瑪麗又回到了祖父母那裡，和祖父母相依為命繼續生活。

瑪麗的童年是在孤獨之中度過的，但她卻比與她年紀相仿的其地孩子先讀完中學。她受不了孤獨的折磨，渴望有人來關心她、支持她，因此她早早地就找了個丈夫，可是由於草率成婚，這個匆忙建立起來的家庭沒過多久就徹底破裂了，她不得不一個人承擔起兩個孩子的撫養義務。她找到了一份工作，可那點微薄的工資又哪夠維持一家人的生活呢？

她開始考慮起自己將來的命運。她反覆問自己：她是個只配做個含辛茹苦拉拔孩子、斤斤計較每一分錢的小人物呢？還是能成為某種人物？或者說成為自己生命中的主宰？

當她明確了自己的選擇之後，也隨之做出了決定：她決定要改變自己的生活——要改變目前的窘境，要超越現在的自我。

於是，她進會計班學習，並尋到一份好工作。白天她整日工作，晚上就去南麥塞德因特大學上課，甚至週末也不休息，剩下的時間就跟孩子們待在一起。

克勞莉對家庭裝飾比較喜歡，她就有意識地培養自己在這方面的興趣。她辭去了會計工作，把活動陣地移到了自己家裡。她把家裡佈置得漂漂亮亮，經常舉行各種聚會。當活動進行到高潮時，她亮出多式各樣的商品，然後向在場的人兜售，無疑，此舉獲得了成功。

接下來，她進了一個家用百貨進口公司。不久，她又創建了家庭裝潢和禮品有限公司，使自己躋身於商界。這發生在一九五七年，這一年對於她來說，意味著人生開始了新的篇章。

現在，克勞莉的公司雇有二萬三千名銷售代理人，遍布美國各個州。她還鼓勵並出資培訓了不少婦女從事商業活動。不消說，她的收入相當可觀，足以支付她的任何花費。不論是從事大的事業，還是安享快樂的家庭生活，對她來說，都不是什麼可望不可及的事了。

她成了各種團體追逐的對象，到處都請她去演講，好幾個董事會掛著她的頭銜。她還是第一位進入達拉斯商會的婦女。

克勞莉在極其困難的條件下不甘自生自滅，決心要改變自己的生活。用她自己的話來說，就是——「我想成為某種人物，我相信，天生我才必有用！」她把這一信念貫徹到行動中，結果她成功了。

相比之下，既然克勞莉能改變自己的生活，你為什麼不能？要是別人能改變他們的生活，那麼你也一定能改變自己的生活。不是還有百分之九十的潛力尚待利用嗎？行動吧！挖掘你自身的鑽石寶藏，你能改變自己的生活！下面我會告訴你具體該怎麼做的。

Chapter 20. 強烈的期望

使自己生活發生改變的首要一點，就是要在內心具有強烈的期望，你應該是確確實實希望改變現狀。

這種希望改變現狀的心理態度並不是稍微顯露一下就消失的，而應該是一種像火一樣旺盛的強烈的欲望，它能使你生活的許多方面發生變化。你應該具有強烈的期望去考個好分數，去與他人融洽相處，去更好地完成你認為是重要的事情；你應該具有成為有用之才的強烈期望；你應該具有像克勞莉那樣的期望，其強烈之程度足以使你的生活發生變化；你應該具有像多麗・帕頓的演出轟動全國時所表現出來的那種「澎湃的激情」；你應該具有像約翰・卡遜那樣的強烈期望，為了把毒癮連根拔去，可以把自己獨個鎖在臥室裡。

你能培養這種期望。你認真考慮一下，生活中哪些東西惹你厭煩？什麼習慣需要改變？為了什麼不高興？多思考思考這樣的問題，試圖改變的渴望就會油然而生。繼而，再充分發揮你的想像力，假設性地體驗一下，一旦你克服了這些壞習慣，取得了長足的進步，結交了更多的好朋友，找到了更好的工作——成了你能成為的人，到那時，你將會怎樣看？

維吉尼亞・韋德是位網球運動員，曾榮獲溫布登網球錦標賽女子單打冠軍——不過這也是在她認識到確確實實期望贏球是多麼重要以後才實現的。韋德上大學時就是位出色的網球選手，贏取大學冠軍毫不費勁。有一次，她被邀請參加溫布登網球錦標賽，但當時正面臨考試，經過抉擇，她接受了邀請。她自信地說：「對我來說，沒什麼事情不能應付的。」

結果呢？這回她沒能應付過去。經過這件事她發現，要同時又學習又打網球是無法兩全其美的。她也認識到，贏球需要多方面的素質和技術，不僅僅是外出參賽就能達到的。

這樣年復一年，儘管她球打得不錯，但從沒有得過高水準大賽的冠軍，她懊惱地說：「我太企望幸運之神的降臨了，總以為下午是我贏球的日子。」

很顯然，靠幸運是一直不能拿冠軍的，拿冠軍需要有一種期望投聚到某一目標上去。認識到這一點後，她對自己想做的事情就盡力去做。她天天刻苦訓練，從不間斷，幾年來一直在努力提高自己的網球技術。可是結果，她仍沒有贏得什麼大比賽的冠軍。

終於，她找到了原因，她深有感觸地說：「被動地嚮往與主動地希求是完全不同的，如果你終日只是被動地嚮往，那你就不能對從你身邊一閃而過的實際解決辦法有所察覺。」

一旦她領悟到這點——需要有強烈的求勝欲望——她便開始創造奇蹟，多年來付出的汗水也終於得到了報償。在投身網球生涯十一年之後，三十二歲的維吉尼亞・韋德終於登上了溫布登網球錦標賽女子單打冠軍的寶座。

是什麼原因促使她取得這樣大的飛躍呢？我想大家一定領會到了。僅僅有贏球的希望和願望是不夠的，應該代之以求勝的強烈期望，韋德就是這樣改變她的生活的。

你也能像韋德那樣改變你自己的生活，因為你已懂得了她耗數年時間才明白了的東西——強烈的期望能激發事物發生變化。

請你不要猶豫，現在就改變自己的生活吧！現在就為你的目標培養強烈的期望吧！

Chapter 21. 明確目標

要改變自己的生活應從培養期望做起，但光有強烈的期望還不夠，還得把這種期望變成一個目標。這就是說，你應該運用想像力在頭腦裡把目標繪成一幅具體的圖畫，直到它完完全全成為現實。

譬如說，你對自己在學校裡的學習成績不夠滿意，想改變自己的落後狀況，取得更高分數。那麼你就必須確立一個你所嚮往的明確目標，而不是含糊其辭的想法。像「我想通過更多的課程」或者「我想取得更好的成績」的想法是不行的。你的期望必須是一種具體的目標；「這學期我一定要通過所學的五門課程中的四門」，或者「這學期我一定要至少得兩個A和兩個B^+」。

如果你的目標是想獲得一個更好的工作，那你就必須把這一工作具體描述出來，並自找限定準備哪一天得到這份工作。你絕不能對自己說：「我希望有一個更好的工作，也許是推銷員吧。」你必須用肯定的口氣，你應該說：「我希望有一個更好的工作，不錯，我想當推銷員。我要推銷某種商品。我就去找吉姆·史密斯先生談談，向他請教請教，他已經當了幾年推銷員了。然後我向招聘推銷員的七個公司寫自薦信，過一個星期，我再給每位收信者打個電話，請他們給我安排一次面談。」

如果你的目標是使家庭更加美滿幸福，那你就必須確切地描述一下如何使你的婚姻狀況得到改善。你必須把你所希望出現的那種美滿婚姻描述出來——希望與你妻子或丈夫進行某種推心置腹的談心；你為了改變生活而準備採取的某種行動；你們夫妻倆都能參加的某種活動。你還必須明確什麼時候進行這種談心，採取這種行動。

就在幾年前，電影演員理李察・波頓透過切身體驗發現，確定一個具體目標是多麼重要；他是一個享有聲譽的演員，事業上頗有成就。但有一次他表演失敗了，一時想不開，便常常喝得酩酊大醉，想以此來解除煩惱，結果是藉酒消愁愁更愁，他不僅在糟蹋自己的身體，而且在糟蹋自己的藝術生命。

李察的好幾個朋友也有過類似的經歷，其中一位是電影演員彼得・奧圖。當時，他的私人醫生向他嚴厲地指出在他面前擺著兩條路：要麼去戒酒，要麼去殯儀館。經過一番鬥爭，他最後戒了酒。

李察在其主演的影片《部族的人》獲得極大成功以後，他決心要戒酒。他逐漸感到，由於酒喝得太多，他甚至連台詞都記不大住了。他說：「我很想見見與我合作過的那些演員，我知道他們都是好樣的，可是現在連一個單獨的鏡頭都回憶不起來了。」

這一痛苦經歷促使他產生了要改變自己生活的強烈期望。他為自己確定了一個具體目標，即嚴格地節制——過一種與酒告別的無憂無慮的生活。他對自己期望的東西進行了明確的描述，甚至對與喝酒的朋友在一起相處會損失什麼也著實考慮了一番。他明白，在漫長的人生過程中，他必須改掉自己一些不良習慣，他也相信，只要確定了某個具體目標，他就能實現它。

李察為自己制定了一個理療計劃，每天游泳，散步，平常禁止喝酒。經過兩年時間不懈的努力，他終於達到了目的。

現在，他重新組成了一個家庭，過著美滿幸福的新生活。他興奮地說：「我的工作能力完全恢復了。我發現自己比酗酒時更加敏捷，精力更充沛，腦子轉得也更快了。」

李察成功了。你也應該培養你自己的某些強烈的期望，並把它們轉變成你生活中的具體目標。好，請拿起你的筆，把你的某些目標具體描述下來。這樣，你就已經揚帆起程了。去改變自己的生活吧——去成為你自己生命中的主宰！

Chapter 22. 凡事寫下來

你正在學習如何改變自己的生活。經由前面的介紹，我想你一定明白，首先要有強烈的期望，然後要把期望變成某種具體的目標。

一旦你能清楚地把自己的目標表述出來，你就比世界上的大多數人都超出一個頭。因為據估計，全世界只有百分之十的人能夠排除各種阻礙，把他們的目標清楚地描述出來，所以現在，你就是這幸運的百分之十的人中的一個！

但是，如果你要改變自己的生活，如果你要克服自卑感，如果你要成為有用之才，那光憑清楚地表述還不夠，還必須制定一項計劃以便使你的目標成為現實。

許多人確定了自己的目標，但最終卻沒能實現，究其原因，不能歸結為目標的沒意義或無價值，而是由於確定目標的人，沒有制定一項針對這些目標的行動計劃。

如果我資助你二萬美元，供你在十二天內從邁阿密經佛羅里達州、洛杉磯、加利福尼亞州又回到邁阿密，那麼你拿到錢後的第一件事，肯定是去買一張內容詳細包羅萬象的交通地圖，然後在你所要經過的路線上標一條紅槓，甚至，每天的旅行路線都要標上記號，還要準確地算出整個旅行路程的距離。

如果你準備造幢房子，那你首先得繪一幅藍圖——一張詳細的設計圖紙，使人一眼看上去就能知道房子是什麼樣式的，大門與後門，房間規格多少，窗戶如何安置。

我不用再舉例了，道理很清楚，如果你想完成自己確定的某些生活目標，那你就得查明相應的地圖，繪製相應的藍圖。

為了完成目標，你必須反覆思考，再三斟酌，認真制定進行的步驟，否則你將一事無成。

關於具體來說應該如何達到目標，你的個人計劃中應一步步描述得很詳細：你該做什麼，你不應該做什麼；你做某件事要花多少時間——你實現這個目標要付出多少代價……

譬如說，假使你的目標是找一份更好的工作，那你的計劃裡就包括：你去哪裡找這樣的工作；你何時去學習此工作所要求的技術；你跟誰去談有關這種工作的情況，你若是有時間去了解和尋找新的工作，那你會損失什麼。

你的目標必須是具體的，必須是一步一步採取行動的，必須有明確的時間限定。

下面我想舉一個人的例子，以使大家能具體地了解為了尋找新的工作，應該如何制定相應的計劃。我們假定這個人有高中學歷，並在一個小型汽車修理廠當了兩年技工的助手。他有一種強烈的期望，就是要不斷提高自己，他的具體目標是成為所在城市公共汽車公司的優等技工。

請大家仔細地看一下他制定的計劃——

我的目標：獲得一種新的工作。

我的具體目標：城市公車公司的機械技工。

完成具體目標的限定時間：六十天。

達到這一目的之步驟：

第一步：廣泛蒐集閱讀公車公司的有關資料——誰負責招聘事務，誰是負責招聘事務的人的上級，他們需要雇多少人，他們付給新進技工多少薪水，他們希望應聘者受過哪些方面的訓練。

做　法：去找約翰・戈爾曼談談，他是我在學校裡認識的公車公司的職員。

時　間：今天就去打個電話，約他本週談一次。

第二步：找公車公司負責雇用人員的經理面談一次。

做　法：請約翰・戈爾曼允許我借用他的名義把我推薦上去，然後我打個電話給公司負責雇用人員的經理，要求他安排一次面談。即使他說目前不打算雇用新機修工，我仍要不失禮節地向他一再請求。

時　間：與約翰・戈爾曼談過後就打電話去。

第三步：為求職面談作準備。

做　法：首先，去公共圖書館借本關於職工面談的指導書，從中可以知道，面談時應穿什麼衣服，如何應答。其次，打電話給中學諮詢員詹金斯先生，請他給我介紹一下有關職業面談的情況。第三，把從約翰・戈爾曼那裡獲悉的情況極力印到腦子裡，這樣，面談前我就可以盡可能多地了解公車公司。

時　間：今天就去借書並打電話給詹金斯先生。

第四步：進行職業面談。

這就是他的行動計劃。不過，這並沒有完，計劃還應該包括這樣的內容：如果第一次嘗試計劃還應該包括這樣的內容：如果第一次嘗試失敗了該怎麼辦。他可以去參加其他培訓課程，他有必要改變自己的計劃時間表，他可以在經過更多的培訓後或公司擴大規模時再去應試。

制定計劃的最大好處就是它可以明確地告訴你，應該做什麼，應該什麼時候去做。計劃制定得越好，就越有可能達到目標。

同樣這種類型的計劃，還可以幫助祕書去找一個薪水較高的辦公室工作，可以幫助學生去找他第一個全日制工作，可以幫助經驗豐富的男女商人去尋找一個更有發展前途的職位。你不比那個人差，你也能為你所期望的任何目標制定一項具體計劃。

現在就把你要採取的具體步驟寫下來，這樣，你的夢想就離你更近了。把計劃制定出來——一絲不苟地遵照執行——那些只有期望而沒有計劃的人將無法與你相比，你已走在他們的前面。

制定你的計劃，並認真執行，這會使你成為自己生命中的主宰！

Chapter 23. 最後的「法寶」

首先要具有強烈的期望，然後再把期望變成一種目標，為了達到這一目標還得制定一項計劃，可是即使是這樣，如果想改變自己的生活，你還是差了一步。對你來說，這也是最後的或許是最困難的一步，即把你的目標和計劃付諸行動。

幻想某種目標並期望達到它固然有益，勾勒出計劃的輪廓也甚為可貴，但如果你不馬上決定你要採取行動的話，所有這些努力都是白費勁，不會有任何結果。你必須不斷採取行動，直到實現了計劃，達到了目標。你必須決定你能否遵守行動過程中要求的所有自我約束。

這種態度關係到你在自身發展過程中，一旦第一次或第二次、甚至第十次嘗試都失敗了，你會怎麼對待。不過現在，你還是要不斷激勵自己向你的目標方向努力。即使進展似乎不大順利，或者暫時好像沒什麼結果，你也絕不能放棄行動。只要你腦子裡始終閃現著一旦實現目標後，你所享有的那種比現在更順心、舒適的生活畫面，你就會一直保持必勝的信念，長年堅持不懈。

有時我們把這稱為「決心」或「堅定不移」，意思是「堅持到底」。這在大多數情況下是一項很艱苦的工作，需要有始終不渝的信念。但如果你逃避做這種使目標和計劃成為現實的行動，那你所有的合理期望和可能達到的目標都將是紙上談兵。

為什麼呢？因為按常理講，我們在做任何事情時，一開始總是顯示出極大的熱情，似乎渾身有使不完的勁，以為成功唾手可得，但稍有挫折，六十度的熱情便一落千丈，很快就會感到厭倦。你會說，瞧，旁邊還有其他事情等著我去做呢。哎喲，做這件事可是要流大汗、費心血的啊！

這樣的例子可以舉很多。

比如有個人某項任務沒完成，他就會找各種各樣的客觀理由來搪塞，諸如：「唉，太不走運了！」或「我的時間不夠用！」或「現在不是做這種事的時候。」等等，唯獨不找找自己主觀的毛病。

你不要老是自怨自艾，說夢想不能變成現實。因為這只能使你放棄信念，放棄行動，白白地浪費時間。

成功者之所以能達到事業的頂峰，關鍵在於他們讓目標和幻想在腦子裡札下了根，在於他們具有「堅持到底」的毅力。

使目標付諸行動意味著——

1•願意一次完成一件事中的一個步驟。

2．暫不考慮要求明天做的任何事情，而是去做今天必須做的事情。

3．為了明天能取得更大成就，不要陶醉在今天暫時的勝利喜悅之中。

4．把目標銘刻在腦子裡。

著名的成功學專家和演說家拿破崙．希爾曾說過：「偉人就是那些具有特別堅強意志和決心的普通人。」你能培養自己具備這種堅強的意志和決心，你能堅持到底。

你能做到！

記住，要想改變自己的生活沒有別的路可走——碰運氣等於是自欺欺人，靠別人則無異於瞎子被人牽著走。雖然事情做起來並不容易，但你能做到，你能改變自己的生活。你能主宰你的未來——如果你能遵循以下的程序——

第一、具有改變自己生活的強烈期望；

第二、把期望變成某種具體目標；

第三、根據具體目標制定一項計劃；

第四、把計劃中的步驟付諸行動，使目標成為現實。

不過，想要改變自己的生活，一開始還得具有極大的勇氣。你要有勇氣去改變舊的習慣、舊的思想、舊的行動；你要有意識地採取行動，不畏艱苦；你要有耐心，有決心。

我相信，你能做到！你能成為自己生命中的主宰！

Chapter 24. 決斷吧！

現在，你躊躇滿志，氣度非凡，好一個成大事者的派頭！為什麼不呢？「法寶」在握，心靈清明。你看到了自己的燦爛前景，你希望成為自己生命中的主宰！

你需要的是不再感到低人一等。

你需要的是不再做無用之輩。

你有「法寶」幫助你成為有用之才。

你有「法寶」幫助你成為你理想中的人物。

只要開始挖掘自己的鑽石寶藏，你就能成功。

你也能成為偉人，只要你不斷地挖掘自己身上蘊含著的豐富寶藏。

今天屬於你！

今天你就去編織從未體驗過的夢幻。

你應該說：「我可以做到。」

也許你已經去考慮你可能成為什麼樣的人了吧！太好了！讓我最後再向你進一言：

決斷吧！做出你的決定。這樣，你就會成為自己生命中的主宰！

再見；祝你成功……

附錄（一）　七週計劃

知之尚需用之，思之猶應為之。——歌德

現在，你已經了解了能幫助你改變自己生活的主宰力——你正在開始成為你自己生命中的主宰！下面我要介紹一個使你的行動系統化的七週計劃。只要你遵照執行、善始善終，你就能把那些可以幫助你完成自己目標的朋友緊密團結在自己周圍，從而保持並強化自己的主宰力。

伴隨著你的朋友是——

- 熱情
- 行動
- 金箴
- 耐心
- 積極的心理態度
- 目標
- 自信心

如果你希望自己的生活發生積極的變化，那就得按照七週計劃的六條指導語開始行動，「立刻動手」；如果你能準確無誤地按照這些指導語去做，你很快就會發現自己的生活發生了變化。

如果有人對「嶄新的你」品頭論足，你不必大驚小怪。

你應該對自己的生活滿懷期望——有積極的目標、正確的方向以及卓越的成就。你應該相信，你遵照七週計劃所付出的努力越大，你所期望的東西實現得就越多。

下面是你七週計劃的六條指導——這一計劃在你面前展現了一條通往「成為自己生命中主宰」的光明之路。

1．按照每週計劃中規定的內容去做，一週做五天，從星期一到星期五。每週星期一的早晨都準時開始執行新的一週計劃（根據順序由計劃開始的第一週做到第七週）。

2．每天上班、上學、進午餐和晚上就寢之前，把本週計劃看一遍。

3．每天都按照本週計劃中所說的去做。

4．每天就寢前，在看了本週計劃後，給自己這一天的表現評分。

5．如果你按順序完成了這七週計劃，那就重複進行第二遍、第三遍……如此循環下去。

6．期待七週計劃給你帶來好的結果，並時刻注意自身的變化。

●第一週　熱情

今天的這個世界也是我的世界，它變得更加富有生氣。因為我把自己滿腔的熱情都傾注到了我做的每一件事和我遇到的每一個人身上。而我之所以如此熱情洋溢，是因為我對我的世界、我的工作、我的目標以及每個人身上的優點，都有了更深的認識，對人生充滿了信心。

這種信心使我精神倍增，興奮之情難以自禁，自信心更強了。信心加熱情，於是我毫不猶豫地投身到了行動之中。我能夠堅持下去並盡自己最大的努力，我不會退縮。熱情將使我成為一個成功者。

今天，我要向遇到的每個人微笑，向他們表示我的熱情。這等於對他們說：「我不是無名之輩。」如果你遇到他們不笑，視而不見，那可能會使他們感到，他們是個小人物，在這個世界裡無足輕重。

今天，我的思想、我的行動和我對人對事的態度，都將是興奮而又積極的。

今天，透過把滿腔熱情（行動之前所具有的信心）傾注到我所從事的工作中，我所遇到的不少困難都能迎刃而解，完成的情況也將好於昨天。

今天把本週計劃看三遍，領會其精髓，按照它說的去做。給自己今天的表現評分——

星期一	星期二	星期三	星期四	星期五

1・最差　2・差　3・中　4・好　5・最好

●第二週　行動

今天對我來說是個幸運日，因為對我應該做的事情，我將毫不拖延，「立刻動手！」

如果我把今天該做的事情拖延下去，那我就會越來越感到焦慮；我會對應該做的事情產生畏難情緒，從而不想去做；我會感到心情沈重，不勝負荷。最經常的情況是，拖延工作會導致放棄行動。

只有去做方可能贏得成功。而我「立刻動手」，所以今天對我來說是個幸運日。

今天，我將完成工作，因為我「立刻動手」。

今天，我將做我為了成為有用之才而一直想做的事情。

今天，我在工作中將比昨天做得更好，因為我「立刻動手」。

如果我培養了自己「立刻動手」的習慣，那不僅今天，而且明天、後天……對我來說都將是幸運之日。

今天把本週計劃看三遍，領會其精髓，按照它說的去做。給自己今天的表現評分——

星期一	星期二	星期三	星期四	星期五

1・最差　2・差　3・中　4・好　5・最好

●第三週　金箴

今天一整天，快樂都將伴隨著我，因為金箴在生活中指引著我。我將以自己希望別人對待我的那種方式，去對待每一個人。我希望別人今天都愉快，這比我自己是否感到快樂更重要。

我將只注意我所遇到的人的積極方面。我將看他們的優點而不是缺點，因為我知道任何人都不可能十全十美——自然，我也不例外。

我將真誠地把讚美之詞獻給每一個人，因為人人都希望自己受到別人的讚賞，希望體現出自己在這個世界的存在價值。

我將不再傲慢、不隨意地批評別人，以避免別人覺得我是高人一等或者比他們優越。

我將友善地對待我今天遇到的每一個人，稱讚他們、尊敬他們。我將不以這樣做作為索取什麼的交換條件，因為如果我反過來要求別人的獎勵、報償和讚賞，那我這樣做的本身就失去了意義。

今天，金箴將在生活中指引著我……我將像希望別人對待我那樣去對待別人。

今天把本週計劃看三遍，領會其精髓，按照它說的去做。給自己今天的表現評分——

星期一	星期二	星期三	星期四	星期五

1・最差　2・差　3・中　4・好　5・最好

●第四週　耐心

由於我沒有耐心，由於我沒有堅持下去，由於我在疲倦或受挫時逃避現實——由於這些原因，過去我沒有完成我想完成的事情，我沒能成為有用之才。

耐心告訴我，無論我在嘗試完成自己的目標時失敗或受挫了多少次，我都必須堅持做下去。使自己的目標變成現實是極為重要的，即使它要花很長時間，即使成功前我要經歷無數次失敗和挫折，這些都不能阻止我的進取心。

耐心允許我一次只做一件事，不強求自己一蹴而成。因為急功好利會使人神經質、焦慮、緊張和待人粗暴。耐心要求我完成一項工作後再進行另一項。

我將不再洩氣，不做逃兵，不再態度粗暴。如果此路不通，我會試著走另一條道，作新的嘗試。

我將耐心……我將堅持……我會成功。

今天把本週計劃看三遍，領會其精髓，按照它說的去做。給自己今天的表現評分——

星期一	星期二	星期三	星期四	星期五

1・最差　2・差　3・中　4・好　5・最好

•第五週　積極的心理態度

我的思想是我生活的一部分，完全受我的控制。這就是說，對於哪些思想可以進入我的頭腦，我有自由篩選的權力。但是我也知道，不管我的頭腦裡存在什麼樣的思想，別人是捉摸不到的，只有經由我的行為、我的態度和我對別人、對自己的看法才能表現出來。

今天，我的行為、我的態度和我的看法都將是積極的，因為我只允許積極的思想進入我的頭腦。這種積極的心理態度，將幫助我針對自己面臨的各種困難，去發現積極的解決方法。

今天，我將不會為自己找任何藉口來逃避困難，我將不再消極。

今天，我將極力不去想那些消極的詞彙。

譬如「不能」、「不可能」、「不想工作」、「我不具備條件」、「根本不可能」、「沒有希望」以及「如果失敗了會怎樣」等等。因為這些詞語只會使我見難而退、喪失信心。

今天將是美好的日子……我將努力使今天變得美好……我將保持積極的心理態度。

今天把本週計劃看三遍，領會其精髓，按照它說的去做。給自己今天的表現評分——

星期一	星期二	星期三	星期四	星期五
1・最差	2・差	3・中	4・好	5・最好

・第六週　目標

今天我將賦予我的生活以方向、目的和意義，我將透過為自己的行為、態度和工作建立目標來完成這一使命，這些目標為我指明了今天我將要完成的任務。

我將針對每個目標制定一個行動計劃，這一計劃將告訴我該做什麼、什麼時候去做和怎樣去做，以便我能最終完成我自己確立的目標。

我將向那些最困難和最迫切的目標前進，或者從那些我原來最害怕做的事情做起。

今天我將不逃避，直到完成了為自己確定的所有目標為止。我可能會感到疲倦，我可能會洩氣，我可能會在第一次、第二次或第三次嘗試中連遭失敗，但我不會逃避，我要完成今天的目標。

當今天夜幕降臨時，我將體會到快樂和成功，因為我賦予了自己的生活以方向、目的和意義——為建立了我的目標——我完成了我的目標。

今天把本週計劃看三遍，領會其精髓，按照它說的去做。給自己今天的表現評分——

星期一	星期二	星期三	星期四	星期五

1・最差　2・差　3・中　4・好　5・最好

•第七週　我是有用之才

今天我不感到恐慌，我對自己充滿了信心，相信自己能做好一些事情。我是自己思想的主宰、行為的主宰、態度的主宰和自己工作質量的主宰——我是自己生命中的主宰！

作為主宰，我有權力選擇自己樂意採用的行為方式：好的、一般的或者是差的。但我很清楚，我行為的結果不是由運氣或天命決定的，而是由我自己的行為決定的。只要我對世界施加了作用力，世界也會回贈給我同等的反作用力。

過去，我像常人一樣只利用了自身能力的百分之十，還有百分之九十的潛力尚待發掘。

今天，我將能妥善處理自己碰到的所有事情，因為我將利用更多自身尚未發揮的潛力。

我是有用之才——我是自己生命中的主宰！我將保持積極進取的生活態度。我有潛力！我有能力！

今天把本週計劃看三遍，領會其精髓，按照它說的去做。給自己今天的表現評分——

星期一	星期二	星期三	星期四	星期五

1・最差　2・差　3・中　4・好　5・最好

錄附（二）　十句話的啓示

1．籬笆是把人圍在一起，而不是把人分開。

一個律師的鄰居，有一天來到律師的辦公室向他詢問：「律師，如果有一隻狗跑進我的院子並咬死了我的雞，你看我該怎麼辦？」

律師回答說：「你可以找狗主人索賠。」

「那好，你現在賠我二百元，因為你就是那條狗的主人。」

律師微笑地拿出錢來看著他的鄰居，並說：「我為了你的雞做了一場法律諮詢共計一千元，你看是要我給你二百元，還是你給我一千元？」

2．養成對每件事情都往好處去想的習慣，比日進千金更有價值。

有一個人天生樂觀，遇到任何事都不與人計較。

分家產時，他的兄弟非常貪心，不分給他半點財產，他卻一點也不在意，對兄弟說：「好呀！有何不可呢？我可以自己工作養活自己。」

別人陷害他，他也不爭辯，一樣輕鬆過日子。不論別人向他要求什麼，他總是回答：「好啊！有何不可呢？」當地許多人都叫他傻子，但漸漸地許多人都喜歡和他做生意，他的事業越做越大，因此賺了許多錢。反觀他的兄弟，因為分了很多家產，便揮霍無度，又沾染上惡習，沒幾年就將財產用光了。

3．當一個人悲觀地看待自己的弱點時，他就會以為所有人都在藐視他。

悲傷的蚯蚓對自己說：「我的存在究竟有什麼意義呢？我是如此的卑微、低賤，我不過是個一無是處的廢物。」

花聽見了對他說：「生命本身是沒有高低貴賤之分的，別人不看輕你，你為何要看輕自己呢？」

蚯蚓說：「可是我不會飛、不會跑、長得也不好看，根本沒有什麼優點可言，我的存在似乎是多餘的，我總是覺得好像每個人都在嘲笑我。」

花說：「誰說的！你能夠消化垃圾讓泥土鬆軟，萬物因此而有生命力，我就是因為有你的存在才能茁壯成長繼而開花呀！」

4．你出身的家庭，不如你將擁有的家庭重要。

一棵年高德重的老橡樹上結了一些橡果，一天橡果從樹上掉落下來，剛好落在樹下昂然生長的蘑菇頭上。

於是，蘑菇便向橡樹抱怨。橡果不屑地對它說：「也不想想你的出身，是你厚著臉皮貼近我們，必須依賴我們而生存，我出身於高尚的地方，而你的出身卻多麼低下。」

蘑菇回答說：「我無意與你爭論出身是否高尚。我必須承認我不太清楚自己是從什麼地方來的，但可以肯定的是，我未來能使人類一飽口福，為他們最名貴的菜色加添美味，而你呢？雖然你說是出自名門，卻只適合餵豬而已。」

5．「一個人失敗的原因，在於本身的缺陷與環境無關。」

有個乞丐挨家挨戶地乞討，但整日都找不到願意施捨給他的人。他覺得自己實在命苦，走著走著來到一間荒廢許久的大房子前面，想起這家主人原本非常有錢，生意經營得也不錯，但後來因為想賺取更多的錢，投資錯誤以致血本無歸，實在可悲。

走了一整天，他覺得累了，於是在階梯上打盹。

半睡半醒中出現了一個老人，對他說：「我是財神，我想幫助你，看！我手上的黃金你可隨心所欲地拿，但只能裝在你身上的口袋裏，還有凡是口袋中的黃金一掉在地上，將會化為塵土，不能貪求，要適可而止，你自己好好想一想。」

乞丐喜出望外的看著老人手上的黃金，於是不停地將黃金放入上衣的口袋，沒多久所有的口袋都已裝滿了，財神便問他：「夠了嗎？」

「不夠！不夠！」乞丐一邊回答，一邊繼續拿老人手中的黃金。

財神又提醒他：「你身上的黃金已足夠你過幾輩子了，夠了吧？」

乞丐回答說：「那我再拿一把就好了。」

於是，他又向老人拿了一把黃金放入口袋，就在那一剎那間，突然衣服裂了開來，所有的黃金全部掉落在地上化為塵土了，他抬起頭來財神也消失得無影無蹤了。

6．對於凌駕命運之上的人，信心是命運的主宰。

有一個人不小心失足墜崖，在墜落途中，他奮力一抓，總算攀到了一株小樹枝。

他懸在半空中，腳下是萬丈深的山谷，他深知自己支持不了多久，便使盡力氣大叫：「上帝啊！救救我吧！我保證以後一定相信你。」

突然他聽到一陣貫耳的雷鳴巨響，令他幾乎鬆手失足。他又對上地說：「我已經聽親耳聽到你的聲音啦！現在你只要救了我，我就會一輩子信仰你。」

隆隆的雷鳴聲中，上帝說：「我會救你。現在放開樹枝吧！」

那人卻狂叫：「放開樹枝？你以為我瘋啦！」

7．一個今天，勝過兩個明天。

某一時期，因為宗教信昂昌盛，人心向善，下地獄的人數銳減，魔王緊急召集群鬼開會，商討如何誘人下地獄。

現世鬼首先提議說：「讓我去告訴人類：『丟棄你的良知吧！根本就

沒有天國！』」魔王考慮了一會兒，覺得不夠好。

頑皮鬼則建議：「我們可以對人類說：『為所欲為吧！根本就沒有地獄！』」魔王想了想，還是搖搖頭。

過了一會兒，旁邊一直悶不吭聲的機靈鬼說：「我有一招，只要對人類說：『還有明天！』」

魔王終於面露笑容，直誇這個詭計最好。

8．大家都想到要改造人類，卻沒人想到要改造自己

有一個歷盡滄桑的老作家，感慨地對一群學生談他自己的過去，他說：「我像你們一樣年輕時，是個狂熱的社會改造者，總是祈求上帝給我力量去改變這個世界。

「等我進入中年，發覺自己過了大半輩子，卻沒有改變過一個人。我遂改變了禱詞，求上帝讓我能改變所有接觸到的人，就算只是親戚、朋友，我就心滿意足了。

「如今我已是個老頭兒，所剩的日子都數得出來，才發現自己的愚蠢！現在我只是祈求上蒼，賜我改變自己所需的恩典。要是一開始我就這

樣祈禱，就不至蹉跎光陰了。」

9．惟有你本身才能為自己帶來祥和。

有一個虔誠的信徒，在湖邊的木屋中禁食祈禱，外面幾隻呱呱大叫的牛蛙吵得很凶。他想辦法充耳不聞，無奈都不得要領，只好推開窗戶，大吼一聲：「閉嘴！沒看到我正在祈禱嗎？」

說也奇怪，他吼了一聲後，牛蛙立刻就不叫了。然而，另一個意念卻自心底浮起：「說不定，牛蛙的叫聲跟我吟唱禱告的聲音一樣，也能討上帝的喜悅。」

他決定順服這個意念，探頭伸出窗外，喝道：「大夥繼續唱啊！」牛蛙整齊的合唱立時瀰漫四周；他再側耳細聽，竟然不嫌吵了；他發現，一但不再存心抗拒，牛蛙的叫聲還真能使寂靜的夜晚增色不少。

10．謙虛就是對自己做出的一個正確估計

有一隻獅子經過千辛萬苦，終於登上了高山的頂峰。他得意忘形的吼叫了幾聲，環顧四周，揚揚自得，認為自己不但是萬獸之王，如今站在大

地的頂端，天下誰能和他相比呢？

正在得意之際，聽到後面有如雷震耳的聲音：「你不要太得意了，你還在我的腳下哩！」獅子驚駭地回頭一看，另一座更高大的山正立在牠的身後，高大得幾乎遮住了半邊天。

獅子看看自己所站的位置，不解地問：「那麼我到底是在山頂，還是在山腳？」大山回答：「那要看你是往上看，還是往下看……」

《全書終》

國家圖書館出版品預行編目資料

只要態度對了，難度並不可怕／鮑伯 ‧ 摩爾 著
-- 初版 -- 新北市：新潮社，2019.07
面； 公分
ISBN 978-986-316-738-9（平裝）
1. 成功法 2. 自我實現

177.2 108008426

只要態度對了，難度並不可怕

鮑伯 ‧ 摩爾／著

企　　劃　天蠍座文創製作
出　　版　新潮社文化事業有限公司
出 版 人　翁天培
電話：(02) 8666-5711
傳真：(02) 8666-5833
E-mail：service@xcsbook.com.tw

印前作業　東豪印刷事業有限公司
印刷作業　福霖印刷有限公司

總 經 銷　創智文化有限公司
新北市土城區忠承路 89 號 6F（永寧科技園區）
電話：(02) 2268-3489
傳真：(02) 2269-6560

初　　版　2019 年 8 月